解決!!
Z《ゼット》マン
〈イラスト〉タイガーマス子
やった――!!
黒字だ
はははははは
しみじみ…
会社を作ってこれまでいろいろあったなあ…
この金はぜんぶ俺のものだ へへへへ
うへへへへへへへへ
何に使ってやろうか
うへへへへへ

社長、社長
なに？あんた誰？
キラッ
税務署です
納税
利益が出たんですから税金、払ってくださいね
え？
ポカーン
ガーン
ええええええ？
ほとんどなくなっちゃった…
あんなに頑張ったのに…
ゴロゴロゴロ
納税分

…ひ…ひ…
ひひひ……
ひひひひひ!!
ひひひひ　利益を出さなければいいんだろ……
脱税
裏帳簿
合法
抜け道
合法的な裏帳簿の作り方
合法的に脱税する本
3 4 5 6 7 8 9 10 11 12 1 2 3
――― 1年後。
できたあー赤字の決算書
赤字
今度こそ この金はぜんぶ俺のものだ　ひひひ

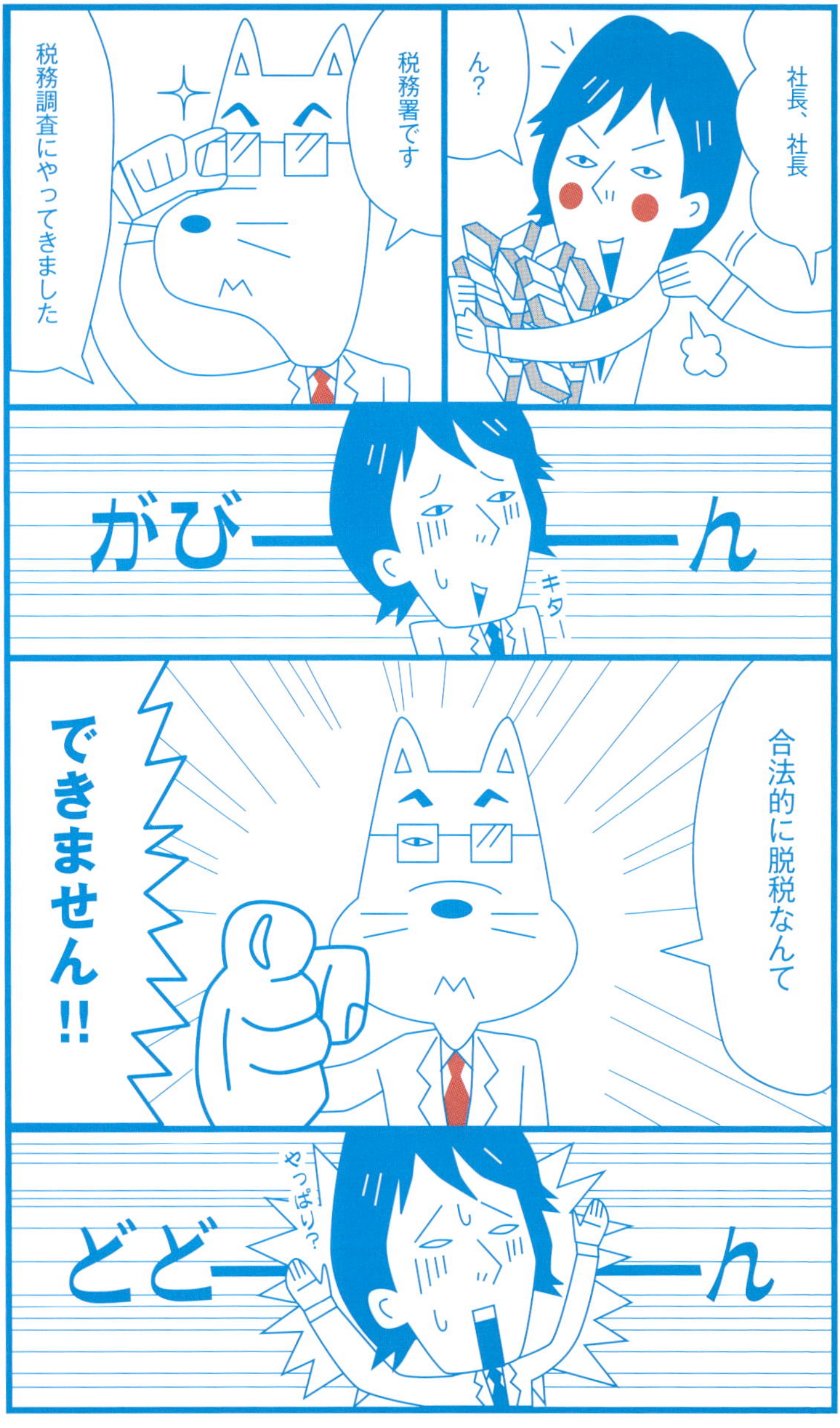
社長、社長
ん？
税務署です
税務調査にやってきました
がびーーーーん
キターー
合法的に脱税なんて
できません!!
どどーーーん
やっぱり？

けっきょく
ぜんぶ持って
行かれた…
納税分
ゴロゴロゴロ
儲かっても
儲かっても
お金が残らない…
ふっ
いったい俺は
どうすれば…
ダンッ
ぴかーーん
な、なんだ…

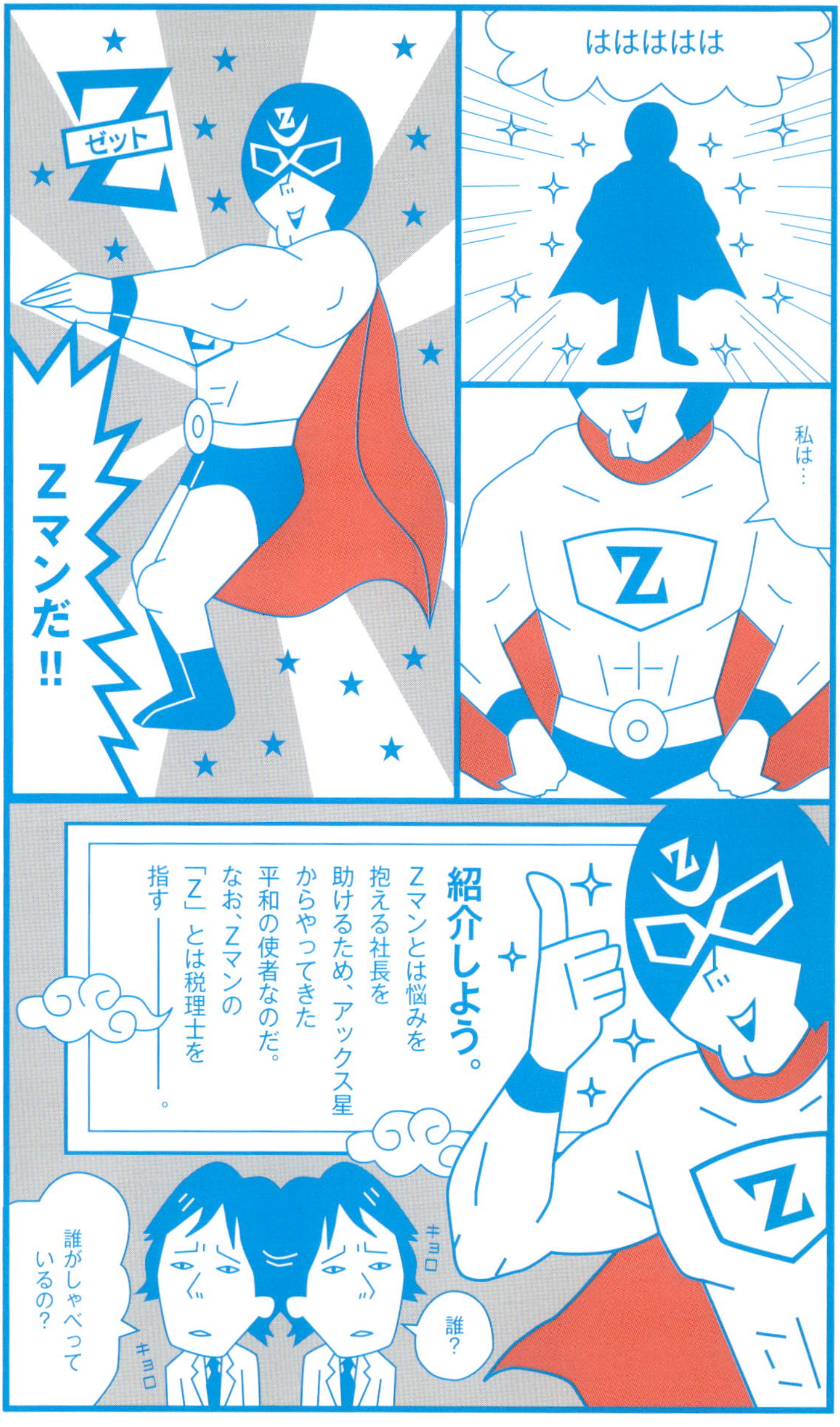
ははははは
私は…
ゼット
Z
Zマンだ!!
紹介しよう。
Zマンとは悩みを抱える社長を助けるため、アックス星からやってきた平和の使者なのだ。なお、Zマンの「Z」とは税理士を指す――――――。
キョロ
誰?
誰がしゃべっているの?
キョロ

社長、今あなたに必要なもの、それは…

「税理士」だ！

税理士？

そう、社長にぴったりの「いい税理士」さえいればもう必要以上に税金を払うことはないんだ！

しかも良き経営のパートナーになってくれる!!

ははははは
そうなの？じゃあ、Zマン「いい税理士」紹介してくださいっ!!

ええ――！

ワクワク

さらばだ!!
ええ――?
?
?
ひら
ひら~
待ってーZマン…
ベチャッ
ぱさ
!
こ、これは…
年間1164社の紹介でわかった社長のための"いい税理士"の探し方

社長のための

年間1164社の紹介でわかった

〝いい税理士〟の探し方

中小企業を応援する会計事務所の会 著
広瀬元義 著・監修

あさ出版

まえがき

この本を手にとられた人の多くは、企業経営者か資産家あるいは、企業幹部の方ではないかと思います。

本書には、どのような税理士を、皆様方の顧問にすればよいのかが書かれていますが、この本が生まれたきっかけについて、ここではお話をしたいと思います。

私が代表を務める株式会社アックスコンサルティングは、税理士事務所向けにウェブマーケティングツールを開発提供したり、教育関連のＤＶＤや情報の提供を行っている会社です。

私は、企業経営者向けにセミナーを行うことが多いのですが、その際、顧問税理士についてお尋ねすると、多くの方が不満をもたれており、なかには「税理士にはたいした期待をしていないから、誰でもいいんだ」などと言われる方もいたりします。

非常に残念であるとともに、大変かわいそうなことだと思います。

というのは、私の周りにいらっしゃる、税理士や会計士の先生の多くは、大変情熱的に企業経営のサポートをしているからです。

そのような先生方の姿を見ていましたので、こうした方たちと、経営者の方をうまく、マッチングすることができないかという思いで、企業経営者と税理士をマッチングする「税理士紹介サイト」を運営し、税理士選びのサポートを始めました。

本書のサブタイトルになっている、「年間１１６４社の紹介でわかった」は、弊社で実際に、企業経営者の方から「いい税理士を探してほしい」という依頼を1年間で受けた件数です。相談を受けてみると、

●威張っている先生なので、何も話ができない
●自分の業界に、詳しい先生を紹介してほしい
●決算間際になって、担当が変わり後任が決まっていない
●もっと細かく経理指導をしてほしい
●税務調査のときに、税務署よりだった

など、その内容は千差万別であることがわかりました。

私も一企業経営者として、社長さんの多くの悩みが痛いほどよくわかりました。普通、経営者は、税理士と面識があるといっても、せいぜい1人か2人です。ですから、自分の顧問税理士が自分の会社にとって、よいのか悪いのかもわからず、「銀行に紹介されたからよい人なんだろう」という程度で顧問契約をし、銀行の紹介や知人の紹介だったから、ちょっと変だなと思っても、「まあ、こんなものかな……」とあきらめたり、「知人の紹介だったから断りづらい」という感じで、何年も顧問契約を継続されてしまいます。

そうした状況であれば、「税理士には、何も期待していないから……」という言葉がでてくるのは心情的には理解できます。

しかし、そうではありません。

いい税理士に出会って、企業経営におけるアドバイスを受ければ、企業経営の基本方針が変わってきます。私は、これまで数千人の税理士と出会ってまいりました。その経験から、企業と税理士のベストマッチを提供できるようになりました。

詳細は、本文に譲りますが、「記帳代行」「経理サポート」「経理ソフト選定におけるアドバイス」「月次監査」「決算対策」「決算申告」「税務相談」「税務調査」などさまざまな面で、いい税理士とそうでない税理士とでは、結果が大きく違ってきます。いい税理士とは、企業経営者の痛みがわかり、企業のビジョンに向かって一緒に行動し、考えてくれる税理士のことです。

「いい税理士を紹介してくださいまして、ありがとうございます。これまでお願いしてきた税理士の方には申し訳ないのですが、少し疑問に感じるところがあって、新しい税理士に来ていただく決心をしました。私にとっても、非常に勇気のいる決断でした。ですが、会社のためと思い、アックスコンサルティングさんにご相談したのです。新しい税理士は我が社にベストマッチの先生です。おかげさまで経理環境も一変しキャッシュフローも見えてくるようになりました。本当にありがとうございました」

このように経営者の方から喜ばれ、感謝されるたびに、ベストマッチングであれば、本当に企業経営が変わるのだと確信しました。

長引く不況の中、税理士に払う費用を削ろうと考える経営者もいるかと思いますが、それは本末転倒です。現在、税理士登録数は、7万1438人、税理士事務所数は、約3万3000事務所。その中から、本当に自分に合った税理士を自分で見つけるのは、砂浜に落としたダイヤを探すより困難なものかもしれません。

本文を読み進め、あなたの会社にとっての、いい税理士とはどのような税理士なのかを、ぜひ学んでください。

きっと、明日からの経営の根幹が変わることでしょう。

最後になりましたが、本書の制作にあたり、中小企業を応援する会計事務所の会（巻末掲載の税理士事務所）の皆様のご協力をいただき、心より感謝申し上げます。

平成二十二年五月

株式会社アックスコンサルティング
代表取締役　広瀬　元義

第1章 なぜ社長の8割は「うちの税理士、もの足りない」と思うのか？

第2章

〝いい税理士〟社長の勘違い

第3章 ここに注目！〝いい税理士〟7つのポイント

第4章

〝いい税理士〟の探し方、教えます

第5章

満足度アップ！顧問税理士の活用法

第6章

ここが狙われる！ 税務調査の傾向と対策

第1章

なぜ社長の8割は「うちの税理士、もの足りない」と思うのか？

ある調査によると、経営者の80％は、自社の顧問税理士に、もの足りなさを覚えているると言われます。

では、残り20％の社長が、顧問税理士に満足しているかというと、けっしてそうではなく、「普通」「期待していない」という声がほとんどだそうです。

しかし「はじめに」でも述べたように、経営者と税理士、双方が求めることがぴたりと一致すると、その会社はどんどん業績を伸ばしていきます。

ですから、たとえいま、日本経済がどん底の状態だとしても、この80％の会社が自社にピッタリの税理士を見つけ、活用していけば、会社の業績は上向き、日本の経済も飛躍的に回復していくと私は思います。

まず、第1章では、なぜ多くの社長が「うちの税理士、もの足りない」と思うのかを、経営者と税理士の両方の立場に立って、年間１１６４件のマッチングを行ってきた私の経験から、読者の皆様と一緒に考えていきたいと思います。

✓ 社長は税理士のどこに不満をもつのか？

アックスコンサルティングが、税理士を替えたことのある経営者を対象に、その理由を尋ねるアンケートを実施したところ、17ページのような結果になりました。替えた理由の1位が「サービスが不満」で49％、2位「コミュニケーション不足」が34％、3位「価格が不満」です。

たとえば、1位の「サービスが不満」という項目では、「自社が新しく会計ソフトを導入したのに対応してくれない」「税金に関する法律の改正、自治体の各種助成金制度など〝新しい情報〟を提供してくれない」という声が目立ちます。

2位の「コミュニケーション不足」では、「午前中コンピュータに打ち込んだデータをチェックするだけ。ことの理由を話さず結果の報告のみ、税務署職員と話しているようだった」「税理士の側の都合を重視した付き合い方で意味が感じられない作業が増えた」といった回答がありました。

3位の「価格が不満」では、「2～3カ月に1度しか来ないのに、料金が高すぎる」「現実のサービスと要求してくる価格の根拠が曖昧で納得がいかなかった」などのコメントが見られます。

これらの結果は、経営者の側にも多少の落ち度があるとしても、税理士に問題があるケースが多いように私は思います。

俗に税理士の業界は、他と比較して10年は遅れていると言われています。実は税理士事務所は、バブル崩壊後も業績が伸び続け、2000年を越えてやっと、売上高の増加が止まった業界です。

倒産して直接の顧客数さえ減らなければ、お客様の業績にかかわらず顧問料は変化しないからでしょう。

そのため、世の中の流れから多少遅れていても何とかなるという意識をもってしまっている税理士がいまだにおり、パソコンの使い方すらわからず、お客様とやりとりする書類はすべて「手書き」で、〝電子申告〟のやり方すらままならない税理士事務所も一部には存在しているのが実情です。

社長が税理士を解約した理由

Q「あなたが前の税理士を解約した理由をお聞かせください」

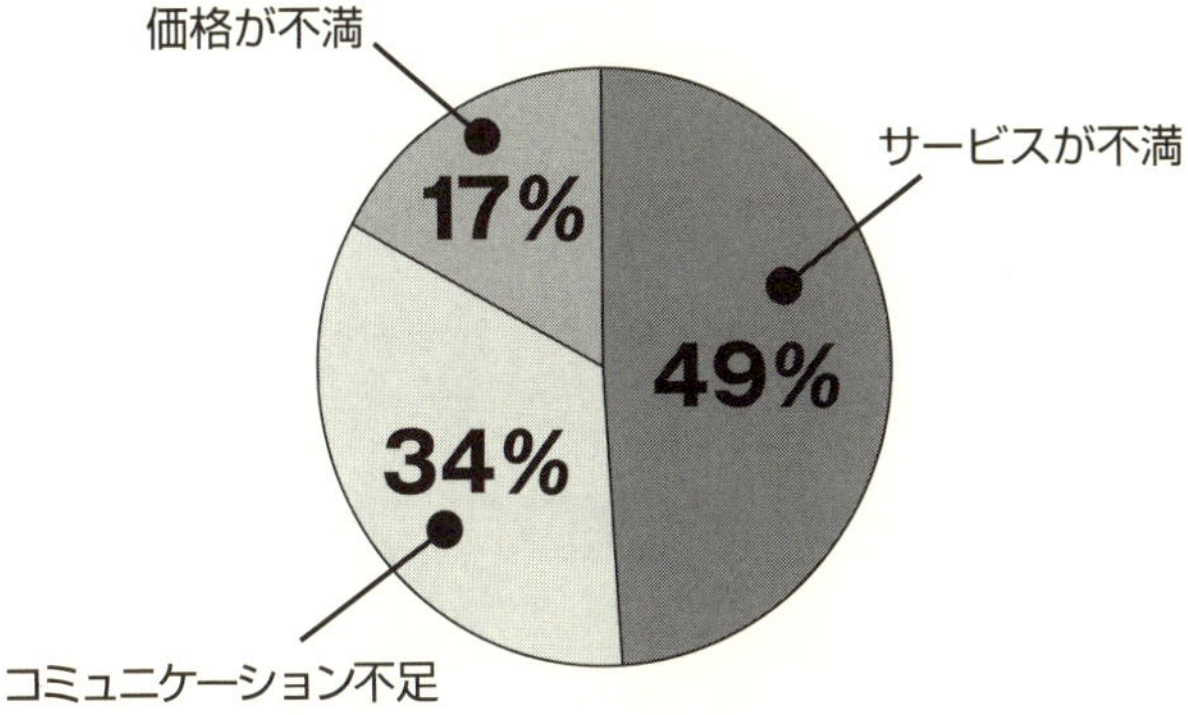

主なコメント

- 税理士が自分で勧めてきた会計ソフトを使いこなせず不安だった
- 会計法の改正等、有利な新しい情報提供をしてくれなかった
- 税理士の側の都合を重視した付き合い方で、意味が感じられない作業が増えた
- 現実のサービスと要求してくる価格の根拠が曖昧で納得がいかなかった
- 午前中コンピュータに打ち込んだデータをチェックするだけ。ことの理由を話さず結果の報告のみ。税務署職員と話しているようだった

出所：アックスコンサルティング

このようなバブル以前の〝昭和型の税理士事務所〟は、お客様から三行半を言い渡されてもやむをえないと私は思います。

かつて税理士業には「報酬規定」といわれるものが存在し、特定の仕事に対しては一定以上の金額を受け取ることができない時代がありました。

また、お客様である経営者の多くは、取引銀行の担当者や知人からの紹介が多かったため、一度、顧客を獲得してしまうと、〝逃げられる〟心配が少なく、この業界では長く「買い手市場」の状態が続いていました。

ですから、資格さえもっていれば、仕事のできる・できないというレベルにかかわらず、税理士の報酬はある程度保障されていたわけです。

それゆえ「税理士はサービス業である」という本質を忘れた結果、お客様から契約を解除される理由の1位に「サービスが不満」という答えがでてきたのではないかと私は思うのです。

税理士にお願いする立場の経営者は、バブル後の苦しい時代を血のにじむような思いで努力をされ、乗り切ってきた人たちばかりです。そのような人から見て、たいした努力もせず、変化もせず、そのまま顧問で居続けられるのがガマンならなかったのかもしれません。

2位の「コミュニケーション不足」という理由も「税理士はサービス業である」という本質に立ち返れば、経営者が現在の税理士に対して、このような不満をもつことはなくなると思います。

✓ 価格だけで判断するのは大きな間違い

少し税理士を非難するような文章が続いてしまいました（失礼）。

一方で私は、前項で述べたような理由は、すべて税理士に非があるとは思っていません。

たとえば、マッチングの現場で「サービスが不満」と答えた経営者の方に直接お会いして「では、具体的にどこが不満なのでしょうか」とお聞きしても、

「……」

と答えに詰まってしまう方が多くいらっしゃるのです。

これでは、その方に適切な税理士を紹介させていただくことはできません。

仮に、この経営者を坂田さんだとしましょう。

坂田さんは、「自分は月に6万円を、顧問税理士Aさんに顧問料として支払っている。だが、友人の会社は月3万円で契約しているという。うちの顧問税理士は高いのではないか」と思い、不安になっていました――実はこのような社長さんは少なくありません。

しかし、月6万円払っている坂田さんの税理士Aさんは、毎月会社に来てくれていて、月末に記帳を済ませた後は、3日後ぐらいにはすぐに月次決算の報告をくれています。そして、そのおかげで坂田さんは翌月5日の経営会議では、前月の新しい数字を見ながら会議を進められます。

一方で、安い税理士を雇っている友人の会社の月次顧問料は3万円ですが、来るのは年に1回ほど。職員が記帳をして帰っても、数字が上がってくるのは1~2カ月後です。

では、ここで読者の皆様に質問です。

坂田さんの顧問税理士Aさんは「費用が高い」と不満をもたれるような税理士でしょうか？

答えは言わずともおわかりだと思います。

坂田さんの顧問税理士は、かなりしっかりとした仕事をしています。

税理士としてしっかりとした仕事をするには〝ある程度最低限の報酬〟は必要です。それを支払っているからこそ、A税理士は、毎月足繁く通い、坂田さんの会社の経営に貢献しているのです。

もし価格だけに不満を感じて、このA税理士と契約を破棄してしまったら、どうなるでしょうか。

坂田さんの会社にとって、マイナスの要因となることは明らかです。

価格だけで、税理士を判断するのは危険この上ないことなのです。

✓ 税理士の報酬はいくらが相場?

さきほどの顧問税理士Aさん。

月1回の訪問時には、必要な情報は30分ほどで集めるだけ集め、データをUSBメモリなどに入れたあとは、2~3時間ほどかけて、坂田社長と雑談していきます。

雑談といいながらも、話題はやはり自社の経営のことが中心となります。

そのときに、社長も思わず「う~ん」とうなるほど、厳しい指摘をしてくれたり、経営の方向性を明示してくれたりと、簡単な経営コンサルティングをして帰っていきます。

2~3時間というと、午前か午後、どちらかはつぶれますから、ゆうに半日ということになります。

半日、外部の経営コンサルタントに来てもらうと、どうなるでしょうか。

1回、日当20万円、30万円は当たり前の世界だと思います。

こうなると、記帳、月次決算、コンサルティング費用込みで、6万円程度の顧問税理士Aさんは、内容的にも価格的にもそれほど悪い税理士ではないということは明白です。

ですが、なぜ坂田さんは、Aさんに対して不満をもったのでしょう。

それは「比較すべき基準」がなかったからです。

25ページの表を見てください。これらは「年商を基準にした顧問料水準」「業務内容を基準にした顧問料水準」の表です。

このような基準をみれば、多くの社長さんが、単に価格の比較だけで、変に不満をもったり、心配されるようなことは少なくなるのではないでしょうか。

✓ 〝社長と税理士のボタンの掛け違い〟が会社を不幸にする

坂田さんと面接したときも、私は25ページの表をお見せしました。

すると、坂田さんはひじょうに納得した様子で、

「ありがとうございます。私はたいへんな思い違いをしておりました。先生は本当によくやってくれていたのだと思います。それに、私は単に申告業務の代行として税理士と契約しているのではなく、適切な経営アドバイスを欲しているということもようやく理解できました。それなら替えるという必要は何にもありませんね。A先生と引き続き一緒にやっていきたいと思います」

と言われたのです。

私はこのようなケースを〝社長と税理士のボタンの掛け違い〟と呼んでいます。

毎日たくさんの経営者、税理士とお会いする私は、ある意味では、「そこのボタン、掛け違っていますよ」と指摘しているだけの立場であるとも言えます。

経営者と税理士を一組のカップルと仮定すると、坂田社長とA税理士のような〝ボタンの掛け違いが起きているカップル〟は、全国に何万組、何十万組といると思われます。

このボタンの掛け違いを指摘してあげるだけで、お互いの不満が解消し、社長は迷うことなく本業に専念し、会社の業績を上向きにできるのです。

税理士の値段はいくらが適正？

年商を基準にした顧問料水準

	年商	顧問料（月額）
法人	1億円以下	3万円以下
法人	1億円超～5億円以下	3万円超～5万円以下
法人	5億円超	7万円超～10万円以下
個人事業主	5000万円以下	1万円超～3万円以下
個人事業主	5000万円超～1億円以下	1万円超～3万円以下
個人事業主	1億円超	3万円超～5万円以下

出所：東京税理士会が実施したアンケート

業務内容を基準にした顧問料水準

業務内容	顧問料（月額）
記帳代行中心	3万円程度
経営指導（経理指導や税務指導）、月次経理監査の作成	5万円程度
会計監査や経営コンサルティング（予算・実績管理や資金調達など）	8万円以上

出所：アックスコンサルティング

＊業務の量や、企業と税理士の役割分担によって顧問料は異なる。上記以外に決算や給与計算等の業務を税理士が行う場合、別途費用が必要

もう1例、挙げましょう。

たいへんまじめな税理士Bさんは、ある事件を境に、顧問先の田中社長から「B先生は、会社をつぶす気か」と不信感をもたれてしまいました。

田中社長に、ふだんのBさんの態度について話を聞いてみても、まじめで礼儀正しいのにもかかわらずです。

事件は、田中社長の会社の第11決算期に起きました。

会社設立から、10期連続増収増益で、何の問題もなく伸び続けてきた田中社長の会社の売上がはじめて横ばいに転じたのです。

売上は横ばいでしたが、増加を見込んでの設備投資を毎年、行っていましたから、決算をしてみると赤字となっていました。

それまで経営の数字は、B税理士に任せきりで、数字に無頓着だった田中社長は「そうか。今期は赤字か。B先生が出してくれた数字だ。間違いはないはずだ。仕方がない、来期で取り返そう」

と再起を誓い、そのまま取引銀行に赴きました。

そして担当の融資課長に言いました。

「今年は赤字決算なんですけど、来期は景気も回復し、売上が伸びそうです。昨年同様に融資をお願いできますでしょうか」

融資担当課長の顔が曇りました。

「社長のお話はよく理解できます。私も個人的には融資したいです。ですが、当行の今年の方針としては、なかなか赤字企業に対して融資の許可がおりないんです。どうかご勘弁を……」

と取り付く島もありません。

「10期連続で増収増益を続けている優良企業なのに、いったいどうして銀行は融資してくれないいんだ」

と友人に相談したところ、

「赤字額はいくらだ。なに？　たった500万円だって。それなら、減価償却とか、前払費用とか、いくつかの経費を計上しなければ、赤字にならなくて済んだんじゃないの？　どうしてそんな簡単なことを税理士が教えてくれなかったんだ。うちの顧問税理士なら、そんなこと決算前に教えてくれるぞ」

と指摘され、B税理士に対して疑念がでてきました。友人はさらに
「銀行だって、そんなことは承知しているさ。融資担当課長にだって、ノルマはあるんだ。帳簿上さえ辻褄があって黒字になっていれば、これまでどおり融資してくれる。万が一、融資先が経営破綻しても、『決算書で前期は黒字でした』と上司に言えば責任を問われなくて済むだろ」

「……」

このケースにおいて、私はすべてB税理士が悪いとは思えません。なぜなら、田中社長は創業当時、親戚から知り合いのB税理士を「まじめで不正をしない税理士」として紹介してもらい、その後の付き合いを通じて、10期連続まじめに決算してくれるBさんを少なからず評価していたからです。

一方Bさんの側からしても「まじめに額面通りの決算書さえつくれば、田中社長は評価してくれるし、顧問契約を継続してくれるはずだ」と毎年、毎年、業務を継続しながら、その思いを強くしていたからです。

社長と税理士のボタンの掛け違い――じつはこれが、本章のタイトルである「なぜ社長の8割は『うちの税理士、もの足りない』と思うのか？」の答えです。

このような悲劇をなくすためにも、経営者は税理士に対して、何を望んでいるのか、これを自らに問い続け、常に明白にしておかなければなりません。

これが明らかになってはじめて、自分の会社にとって必要な税理士が〝見つかる〟と思うのです。

31ページのグラフをご覧ください。

横軸が企業の会計レベル、縦軸が税理士のサービス内容です。

会計レベルが上がるにつれて、その企業にとって必要なサービスの内容がより高度になっていくことがわかります。

10期連続、増収増益を続けた田中さんの会社の会計レベルは、いつの間にかグラフの右のほうになっていました。それによって、会社が求める税理士のサービス内容が変化していたのです。

間違ってほしくないのは、皆様の会社の規模によって、横軸の位置が決まるのではありません。

経営者としての〝ビジョン〟によってサービスの内容が変化するのです。

経営の〝ビジョン〟がはっきりと定まれば、会計に求めるもの、ひいては税理士に求めるものも明確になってきます。

この点は第4章でも詳しく述べますが、自社の「未来」と正しく向き合うことが、いい税理士と出会い、効率的に活用することにつながるのです。

✓ 税理士とはバッジひとつ⁉

たとえば、くしゃみばかりでるので、風邪をひいたと思ったとします。

「風邪だ」と思って、内科に行くと

「どうもこれは花粉症のようですね。あなたの症状の場合、専門医のほうがより効果的な治療ができるので、知り合いの耳鼻咽喉科の医院を訪ねてください」

と紹介してくれるでしょう。

企業会計のレベルによって税理士のサービスは変わる

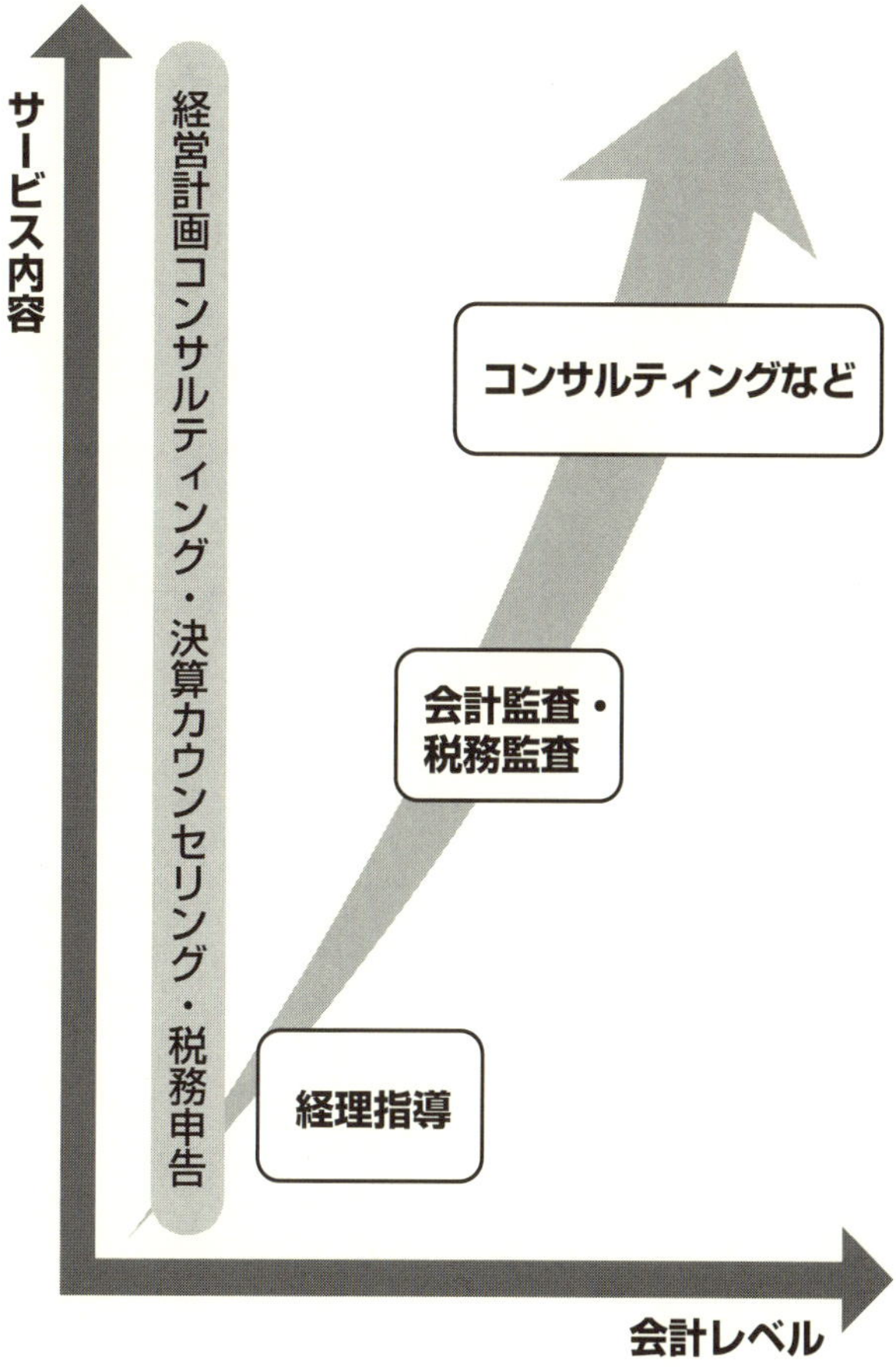

このように、医者の世界では、専門が何かわかるようになっており、専門でなければ他の医者を紹介してくれるのが普通です。

この反対が税理士の世界です。専門性がみえないのです。

ここで、税理士試験の科目表を紹介しましょう。

税理士試験全11科目から5科目を選択して、それぞれの科目で合格しなければなりません。表をみてわかるように、必須科目や選択必須科目があり、すべて自由に選択できるというわけではありません。

1例を挙げて考えてみましょう。

「簿記論」「財務諸表論」「法人税法」「所得税法」「住民税」の5科目で資格をとったC税理士がいるとします。

宮川さんはある会社の経営者で、人からC税理士を紹介してもらい、月次指導と決算の面倒を見てもらっていながら、個人の青色申告もしてもらっていました。

それらについて、C税理士は、しっかりとわかりやすく説明してくれますし、何も問題はありませんでした。

税理士にも得意分野、不得意分野がある!?

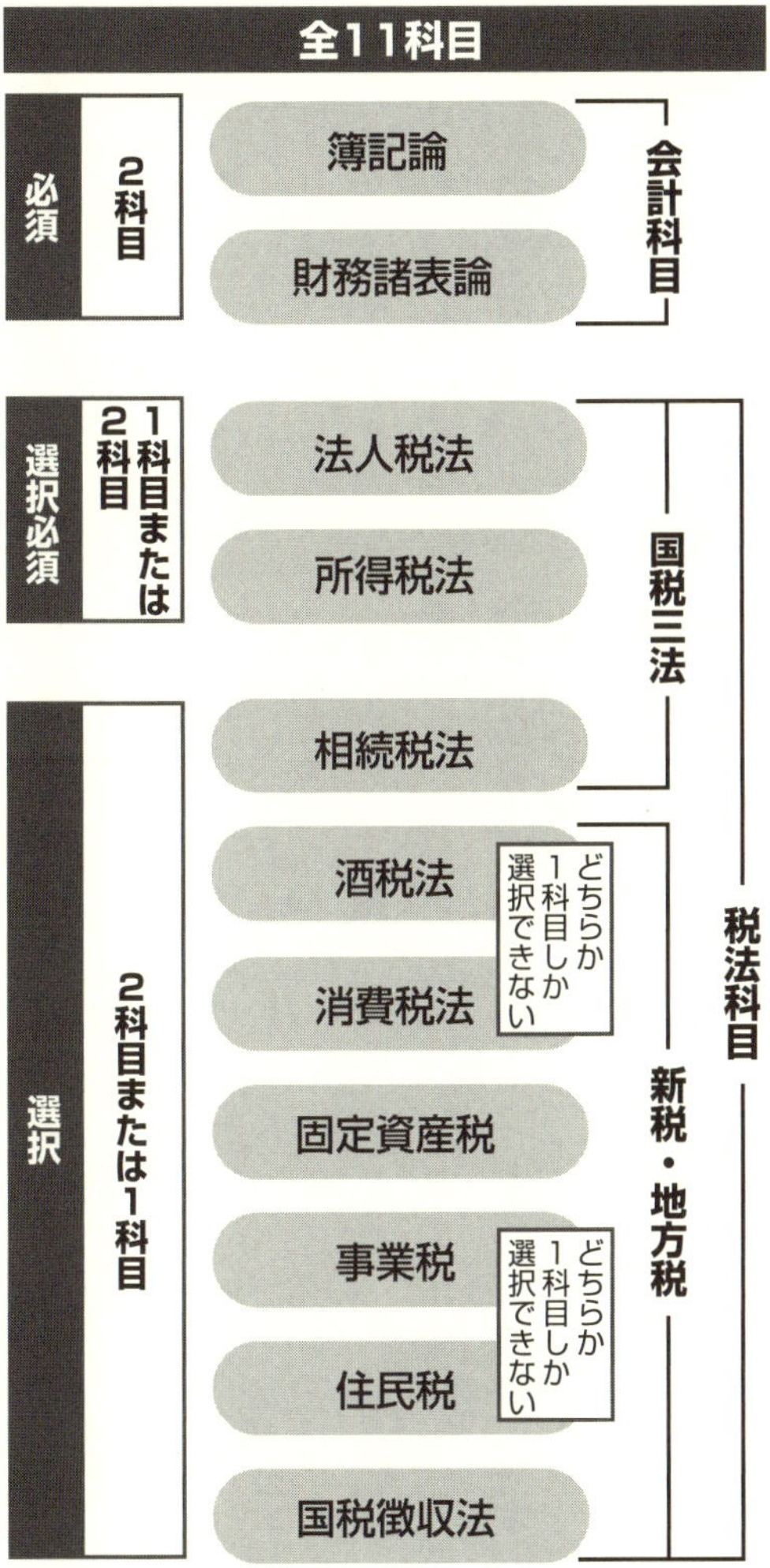

➡すべての科目(分野)を勉強しなくても税理士になれる

しばらくして、宮川さんの両親が2人とも亡くなり、財産を相続しなければならなくなりました。宮川さんは

「これまで個人的にも、会社の経理でもお世話になったことだし、相続もC税理士に任せよう」と思いました。

果たして、この判断は「正しい」でしょうか。「間違い」でしょうか。

11科目の表を見て考えてください。

もうおわかりだと思います。答えは「間違い」です。

なぜなら、C税理士は、相続税の科目を選択していないからです。

ただし、C税理士が、税理士試験に合格したあと、「科目は、合格しやすいものを選んだけど、実際の仕事は相続を担当したい。だからいまから、猛勉強だ」といって相続税について勉強し、詳しくなっている可能性も捨てきれません。

また、C税理士はひじょうに正直な人なので、できることとできないことは宮川さんにはっきり言うかもしれません。

「私は法人税や所得税には詳しいのですが、相続税は正直言ってあまり詳しくありま

せん。知り合いの税理士で相続のプロフェッショナルがいますので、そちらの先生をご紹介させていただいてよろしいでしょうか」

という申し出があるかもしれません。

ですが、こうしたことは、税理士の個人的性質に可能性をゆだねなければなりません。税理士と契約する側としても、自分がお願いしたい分野に通じているかぐらいは確認しておくことは、大切だと思います。

弊社に相談にくる経営者の方々でも、その辺りの事情をよく知っている方ならば、面談の際、税理士事務所の専門をきちんと確認されています。

✓ 〝いい税理士〟ほど仲間を紹介してくれる

ちなみに、私の経験上、いい税理士ほど気軽に仲間の税理士を紹介してくれます。

たとえば、会社の規模が大きくなり、国内に本店、支店などを多数設置するようになると、それぞれの地域の所轄税務署が異なるという問題が生じ、本支店間のお金や税金の納付方法に詳しい税理士を雇わなければなりません。

また、近年は、アジアの経済発展が盛んなため、大・中企業でなくても、海外支店や現地法人を設立しなければならないケースも多くなってきています。

そのときには、国際税務に詳しい専門の税理士が必要です。

もちろん、このような税理士は「○○国際税理士事務所」というような看板を掲げている可能性もあるため、自分で探すことができますが、顧問税理士との連携も必要ですから、知り合いを紹介してもらったほうがいい場合もあります。

そのようなときに、いまの顧問税理士がよい人であればあるほど、自分のほうから
「そうですか。中国の税制に詳しい専門家の方を求めていらっしゃるのですね。それなら2人ほど専門家を知っています。1人はですね……」

というふうに気軽に紹介してくれるはずです。

いい税理士は、税理士同士のネットワークをうまく活用しているのです。

ところで、弊社に来られる経営者の方々から
「そうなると、税理士を何人も顧問にもつことになりますが、大丈夫ですか？」

と質問をされることもあります。

これは税理士の世界で、俗に〝2階建て〟と呼ばれる方法です。

経営者の方が望むのであれば、私は複数人と契約してもかまわないと思います。

昔よくあったのは、通常の顧問税理士にプラスして、税務署や国税出身の〝OB組〟を1名加えることで〝2階建て〟にすることでした。

ですが、バブルが崩壊したいま、これらは〝経費の無駄遣い〟といって、差し支えないと思います。

それよりも、これからの時代は、会社を発展させるため、前向きに複数の税理士を活用することが適切だと思います。

記帳と申告を担当する税理士1名、これにプラスして、経営計画の作成指導や経営コンサルティングを担当する別の税理士と契約するのです。

記帳や申告を担当する税理士は、正しい日次決算を目標に、仕事をしてもらいます。

そして、コンサルティングを担当する税理士との間では、こんな会話が交わされるかもしれません。

「少し人件費が利益を圧迫しているようですね。貴社の業界の労働分配率の平均値は、○○％ぐらいですから、もう５％ぐらい下げられるように努力されてみてはいかがでしょう」

「わかりました。たとえばどんな手がありますか」

「そうですね。弊社のお客様では、まず仕事を明確に細分化して１つひとつ項目にされています。そして、それらをパートでできる作業、社員でないとできない作業、などと区別されています。そうすると社員がパートでもできる仕事に長時間従事しているということが起こりにくくなります」

というような、経営により突っ込んだ話が中心になってくるでしょう。

単に税務署出身の税理士を、税務署向けの用心棒として顧問にするのではなく、経営戦略上、前向きな税理士を紹介してもらい、契約するなら、〝２階建て〟ではなく、２人の税理士を経営の〝両輪〟として活用することがベターだと思います。

✓ 税理士に頼んで、何を実現したいか明確にしよう

「社長と税理士のボタンの掛け違い」の項目でも少しふれましたが、「うちの税理士、もの足りない」と思う前に、自分が経営者として税理士に何を求めているのかが、明確でないと、いい税理士は見つけることはできません。

「いや、はっきりしている。とにかく〝若くて元気な税理士〟に来てもらいたい」という方もいるかもしれませんが、〝若くて元気な〟というのは税理士の外見や性格に対する明確さであって、業務的な明確さではありません。

税理士に求める、業務的な内容を明確にしてほしいのです。

それを考えていくための方法を1つお教えしましょう。

「なぜ」を繰り返していくのです。

「自分は〝若くて元気な税理士〟を求めている」

「なぜ」

「いまの税理士が〝高年齢で落ち着きすぎ〟だからだ」

「なぜ」

「レスポンスが遅くなったような気がする。以前は、うちの経理も手書き伝票が中心だったからよかったものの、いまはオンライン化して、パソコン会計を導入している。しかし、今の先生はパソコンやネットワークに詳しくないからな……」

こうやっていくと、税理士に求めるものがだんだん明確になってきます。

「レスポンスの速い月次決算」

「自社のパソコンソフトに対応してくれる」

と税理士に対する業務内容が明確になると、ニーズに合った税理士を見つけやすくなるのです。

いまは税理士の仕事もかなり専門化されてきており「月次決算のみを○万円でさせていただきます」「遺産相続のプロフェッショナルです」という看板を掲げたり、「当会計事務所の対応会計ソフト一覧は……」というような強みをうたって、営業しているところが多くなってきています。

ですから、業務内容を明確にすれば、自社にピッタリのいい税理士が、意外と簡単に見つかるものなのです。

また、業種別の専門を持ち、強みとしている税理士事務所も多くあります。

たとえば、病院や開業医を専門に、税務相談を受けているような事務所です。

病院は、経理の際に独特の仕組みがあり、熟知していないと普通の税理士では仕事に支障をきたす場合があります。また、同じ病院でも、歯科医院を専門にしている税理士もいます。

ほかにも、サービス業、飲食業、社会福祉法人（老人ホームや保育所）、建設業などを専門とした税理士がいます。

もし、税理士に自社の業種の専門性を求めるのであれば、これらの方々を顧問税理士にするとよいかもしれません。

メリットは、さまざまな科目の業界の平均値を知っていることと、他社の情報やノウハウを知っていることでしょう。

もちろん、税理士には守秘義務がありますから、そのまま教えてもらうことはでき

ませんが、たとえば、ある業績の悪い会社のやり方が、明らかに他社に比べて劣っていた場合、見るに見かねて
「社長、ご存じだとは思いますが、他社さんでは近頃、○○という最新機器を使った□□を実行されているようです。遅れをとらないためにも御社でも導入を検討されてみてはいかがでしょう……」
というようなアドバイスをもらうことが可能になってきます。
これらの例で挙げたように「レスポンスの速い月次決算」「自社のパソコンソフトに対応してくれる」「同業者をなるべく多くかかえている」というように、税理士に求めるものが明確になってくると、経営者の側にも、通常の顧問料以上のメリットを得ることができると思います。

✓ 会社の儲けは税理士で200%変わる！

会社の決算が終わると、申告まで2カ月あります。

顧問税理士というのは、それまでにさまざまな数字を正確に計算して、決算書をつくるのが仕事です。たいへんなことはわかりますが、顧客企業のためになるべく早く知らせる必要があります。にもかかわらず、申告の1~2週間前になって、やっと電話をかけてくる税理士がいます。

「社長。今期は1000万円の利益がでました。よかったですね。儲かっています。ですから、法人税は500万円ほどですので、よろしく」(ガチャン)

「……」

電話を切られた瞬間、社長は真っ青です。

あと2週間ほどのうちに500万円用意しなければならないなんて、銀行はもちろん、サラ金だって、そんなに突然は貸してくれないだろう——。

もちろん、経営者というのは儲かれば嬉しいのですが、手元に自由になるお金(キャッシュ)があることが重要です。

ですから、経営者としての事情をよく理解せず、決算直前に大金を用意させるような税理士は、いい税理士とは呼べません。

このようなケースの場合、この会社と税理士が月次決算をしっかりとやってこなかった可能性が考えられます。月次決算とは、毎月の収支をしっかり計算し、試算表等の経営帳票を確認することです。こうした月次決算ができていると、期首から10カ月ほど経った時点で、だいたい今年の利益はいくらと予測できます。

月次決算をしていれば、予測がついた時点で、税理士に予想税額を算出してもらい、「このままいくと、今期は1000万円ほどの利益があがりますが、キャッシュのほうは大丈夫でしょうか？」等とアドバイスをもらえます。

このように時間的余裕があると、資金繰りなどの手当てのために、打つべき手を税理士とともにいろいろと考えることができます。

第4章でも詳しく述べますが、これを決算前対策といいます。

このケースの場合、対応策はいろいろと考えられますが、会社の資産を棚卸するという方法もあります。

5年リースのパソコンがあり、3年目で新しいものを購入したので、いまは使っていないけれどリース料を払っているとします。そこでリースはストップして、残り2

年分を一括で払ったりすると経費に計上できる場合があります。

また、資金に多少の余裕があり、納税額を抑えたいのならば、決算前に来期の販売額を上げるための広告宣伝費などに資金を投入して、利益をださないという方法もあります。

よくできる税理士なら、このような合法的な節税手段を、一緒になって考えてくれるはずです。

法人税では、税理士によって利益が劇的に大きく変わるということはありませんが、小さな節税の積み重ねが大きな効果につながっていきますので、こうしたことは見逃すことはできません。

一方、法人税と違って相続税の場合は、税理士の経験によって結果に大きな違いがでてきます。

「税理士によって、相続税に差がでるなんて不公平じゃないか！」と目くじらを立てる人もいるかもしれませんが、仕方ありません。

それがプロの世界です。

相続だけでなく、いろいろな税金が、たとえば贈与税、所得税、法人税等々でも、税理士によって、税金を半減させることができるケースもあります。私が聞いた特殊な例では、16億円の贈与税の課税を、ゼロにしたという、つわもの税理士もいました。どのような税金も事前の準備をしっかり行っていれば、余分に払う必要はありません。相続の場合でいうと、とにかくもとの財産の評価が下がれば、計算する税金が下がるというのがセオリーです。

税理士次第で、手元に残るお金がまったく違ってしまうのです。

また、第5章で詳しく述べますが、普通の経営者は、税務署が来ただけで怖くなってしまい、指摘されたことをすべて認めてしまい、言いなりになることが多々あります。

しかし、自分が売上をごまかしたり、経費の水増しなどをしていなければ何も怖れることはありません。裁判をするときに弁護士を頼りにするのと同様、税務署が来ても〝戦う税理士〟がいれば、心配は不要です。

いい税理士はそれほど頼りになる存在なのです。

✓ コミュニケーション不足が誤解を生む

17ページのグラフ中の1と2の合計は83%でした。すなわち、これはほぼ8割以上の人が、コミュニケーション不足で、税理士を替えたいと思っていることがわかります。

前項で法人税の納付直前になって、多大な税額を伝えてくる税理士の話を紹介しましたが、このようなケースは、じつは突然起きるものではなく、ふだんのコミュニケーション不足が原因だと、私は思います。

もちろん、税理士側にコミュニケーションの苦手な人もいますが、経営者側も、常日頃から税理士と密にコミュニケーションをとるよう心がけるべきでしょう。

もし、税理士がふだんの会話の中で「じつは御社の流動比率が……」というように難しい用語を使い始めたら遠慮なく「流動比率って何ですか」と質問すればいいと思います。

いい税理士なら、皆さんでもわかるような言葉でわかりやすく説明してくれるはずです（もし、できなければその税理士はもしかして「？」な税理士かもしれません）。税理士が会社を訪問してきて話を始めたとき、一方的に自分の言いたいことばかりしゃべる人もＮＧです。

初対面なのに上座に座り、偉そうな態度をとる昔ながらの〝先生タイプ〟の税理士も要注意です。

このような税理士は顧客のレベルなど一顧だにせず、専門用語を多用して自分の言いたいことを相手の理解に関係なく一方的にまくし立ててくるでしょう。

また、こちらから電話をして、24時間たっても連絡が来ない税理士は、はっきり言ってレスポンスが悪いと思います。このような人には

「先生。申し訳ないですけど、こちらから連絡したときは早めに折り返しの連絡をお待ちしております」

とひとこと言っておけば、その後の対応は違ってくるはずです。

「税理士は先生稼業だから〝仕方がない〟」

このように思っていると、正しいコミュニケーションがとれず、結局、経営者自身

が困ることになります。

なお、このコミュニケーションとは、「飲みニケーション」ではありません。無理に税理士を夜の宴会などで接待する必要はないのです。飲みに連れて行ったり、ごちそうしたりというのは、個人的な付き合いの範囲で止めておいてかまいません。

いい税理士であればあるほど、そのような手心で仕事の質を変えるということはないはずです。

それでもある程度のことはしたい——という経営者の方に注意しておきたいのは、お中元やお歳暮も、あくまで適正額の範囲内で贈るべきです。

それよりも、小さな連絡や相談を税理士と心がけるなど、常日頃のコミュニケーションを大切にしていきましょう。

そのほうが本業の成績が上がるのです。

✓ 聞きたいことはどんどん聞いてみよう

それでは、税理士との常日頃のコミュニケーションをよくしていく方法を具体的に紹介しましょう。

それは問題意識をもち、税理士との時間を大切にすることです。

たとえば、毎月の訪問の際、顧問税理士が2時間ほどスケジュールを空けてくれているとします。

まずは、この時間を有効に使うのです。何気なく世間話をして、茶飲み話をして終わっていたというのではなく、顧問税理士が来る前には、

「今月は、何を質問しようか。そうだな。来月は大きな設備投資があるから、その減価償却をどのような方法でしていったらよいか相談してみよう。それから、最近、我が社の経理は、科目のわからない経費を何でも雑費で処理しようとしているが、これは適切なのだろうか。この点も聞いてみよう」

というような形で、まずは頭のなかで整理し、それをメモしておくのです。

そして、顧問税理士が訪ねてきたら、そのメモに沿って、疑問点を解明していくようにします。

こういったことを経理の担当者に任せきりにしている社長もよくいますが、管理会計や経営の仕組みが理解できるまで、必ず月次決算の場に加わるようにしてください。

このように、毎月毎月疑問点を解明していけば、あなた自身、会計や税務について詳しい知識をもった社長さんになることができるでしょう。

こうしたことは、明らかに、その企業にとってプラスになるはずです。

毎月毎月、よもやま話をする経営者。

自分は会計や税務のことはよくわからないから、税理士が来たときぐらい、わからないことは何でも質問しようとする経営者。

どちらが今後、伸びていくと思われますか？

誰がどう考えても後者のほうでしょう。

✓ 社長は税理士を〝活用〟しなければならない

このように、税理士とのコミュニケーションをよくしていくことは、なにも飲みニケーションを促進したり、よもやま話をすることではなく〝税理士を活用〟することだと気づいていただけたかと思います。

「しかし、うちの顧問税理士はダメですよ。言われたようにやってみたのですが、わからない点を聞いても、さらに難しい専門用語を使って返してくるし、回収できなくて、なんかいい方法がないか相談してみたけど『努力が足りない！』の一点張りで……」

そのような場合は、やはり「うちの税理士、もの足りない」と思われて仕方がないかもしれません。

では具体的に税理士を活用するとは、他にどのようにしていけばいいのでしょうか。

このテーマは第4章全体を使って詳しくお話ししていきますが、ここでは一番大事な「決算カウンセリング」を簡単にとりあげ、この章のまとめにしたいと思います。決算カウンセリングとは、決算診断という言い方もされますが、いうなれば会社の健康診断です。

成人のほとんどの人が〝人間ドック〟や〝定期健康診断〟を受けていると思います。しかし、会社の健康診断となると、ほとんどの人が受けていません。

会社は〝法人〟です。その意味では人と同じですから、人同様に、たとえば1年間に一度ぐらいは定期的な診断を受けるべきなのです。

ところで、新しく起業した会社の10社のうち9社が10年以内に倒産すると言われています。また、2008年の日本の企業の倒産件数は1万2681件、負債総額は11兆9113億円（帝国データバンク）でした。単純計算で月に1000件以上の倒産となり、これは驚くべき数字です。

そのほとんどが、現金（キャッシュフロー）に行き詰まった結果です。

赤字になって会社が潰れるならまだわかりますが、黒字のまま倒産してしまう場合があります。手持ちの現金がなくなれば、会社はそれだけでおしまいなのです。

出版社の例を挙げて説明しましょう。

毎年、黒字決算をしている出版社での出来事です。

ある経営書がベストセラーとなり、10万部売れました。

「さらに書店から10万部の注文が来ている。これはいけるぞ」

そう思った社長は、さらに10万部印刷をし、印刷代、著者への印税などを支払い、手持ちの現金をほとんど使い果たしてしまいました。書店で売れた10万部の売上は、卸を経由してくるので〃半年後〃となります。

「資金的には苦しいが、書店からの注文を無視するわけにはいかない。あとは、追加の10万部が売れてくれれば大丈夫だろう……」

そう思って4カ月が経ちましたが、結果は惨憺たるものでした。追加で入れた10万部は急に売れ行きが悪くなり、なんと9万部が返品されてきたのです。

残ったのは在庫の山。追加の印刷代と著者への印税支払いなどで、手持ちの現金は底をつき、卸からの入金を待たずして、黒字のまま倒産してしまったのです。

この出版社は、大切なことを勘違いしていました。

それは、経営に一番大切なのは売上だと思っていたことです。

この例をみてもわかるように、大切なのは売上以上に〝キャッシュフロー〟です。

こうした出版社の例は、他業種にも起こり得ることです。これは税理士と一緒に、月次決算をしっかりして、資金繰り表をつくれば、かなりの確率で防ぐことができます。そして、年に一度決算書をもとに、資金状況や収益性、そして成長性を過去の決算データと比べて、現状を把握します。これが決算カウンセリングなのです。

税理士は、営業の指導など、売上をあげる直接的なお手伝いはできないかもしれませんが、少なくとも将来の資金繰りを社長と一緒に予想し、会計や税務上で、的確な手を打ったりアドバイスをしたりすることはできるはずです。

ふだんから、顧問税理士としっかりとしたコミュニケーションをとったり、記帳以外に経営アドバイスの相談を受けられる税理士をもう1名確保していたりすれば、このような悲劇は避けられるのではないでしょうか。

「うちの税理士、もの足りない――」

あなたがそのように感じているのならば、いまの顧問税理士に手早く見切りをつけるか、いまの顧問税理士の方としっかりとコミュニケーションをとっていくかの選択を迫られていると言ってよいでしょう。

いずれを選択するにせよ、月次決算や決算カウンセリングを受けられる体制をつくることが大切です。

✓ 〝いい税理士〟は経営者を救う

前項のような経営者が、私のところに相談に来られるのは、手の施しようのない状態になってから、というケースが多いのが実状です。

そのたびに私は、「なぜもっと早く来てくれなかったのだろう」と思います。なかには、決算書をみていると、もう数カ月でも早く来てくれればここまで深刻な事態にはならなかった社長さんも多くいます。

原因はすべて、経営者は孤独だ、誰にも相談できない——などと勝手に思いこみ、

1人で何でもかかえてしまうことにあるように思います。

多くの経営者は営業のプロや技術のプロあるいは、商売のプロであっても、会計のプロではありません。

1人で悩まないでぜひ、税の専門家を活用すべきでしょう。

このように〝経営者を1人で悩ませる顧問税理士〟がいるとすれば、私はこれは問題だと思います。

もし、この経営者が資金繰りに行き詰まり、誰にも相談できず追い詰められたら、いったいどうするのでしょうか。もちろん税理士には法律上、何の責任もありませんが、その経営者を救うことができるのは、周囲にいる限られた人物であり、その1人が税理士なのです。ですから、税理士の役割は、さまざまな意味で大きいと、私は思います。

そして税理士は、専門家として、さまざまな視点から会社が危険な状態かを見抜きます。59ページのチェックリストをご覧ください。

このチェックリストによって、あなたの会社の「健康状態」の目安がわかります。

合計点が40点以下だったら、すぐに顧問税理士さんに相談をしてください。また、リストの各項目の意味がわからない場合も、顧問税理士か月次決算に来る会計事務所の職員さんに聞いてみてください。

もし、あなたが納得のいく回答が得られなければ、税理士事務所を替えたほうがいいかもしれません。

どんなに売上が上がろうと、会社が有名であろうと、社長の人気が高かろうと会社にお金がなくなればジ・エンドです。いくつか当てはまるようであれば、ぜひ月次監査や決算カウンセリングを受けてください。

そうなれば、「うちの税理士、もの足りない」という税理士に対する印象が、「うちの税理士、頼もしい」というようにプラスに変化するのではないでしょうか。

会社の「健康状態」をチェックしよう

◎いまの状況をチェックしてください

	はい	いいえ	わからない
①現預金が限界利益の3倍以上ある。	3	0	0
②半年先のキャッシュフローを把握している。	3	0	0
③毎年、利益目標を明確に数字にしている。	3	0	0
④決算書に、「仮払金」の残高はない。	3	0	0
⑤月次決算は、毎月10日までに確実に上がる。	3	0	0
⑥会計事務所と定期的に、会計状態について打ち合わせをしている。	3	0	0
⑦経営分析を行う上で、勘定科目の設定に問題はない。	3	0	0
⑧役員給与は税務上効果的な金額である。	3	0	0

◎1年前と比べてチェックしてください

	はい	いいえ	わからない
①現預金の残高は減少していない。	3	0	0
②売上は減少していない。	3	0	0
③売掛金の回収日数は延びていない。	3	0	0
④限界利益は下がっていない。	3	0	0
⑤労働分配率は上がっていない。	3	0	0
⑥在庫日数は延びていない。	3	0	0
⑦問題ある「貸付金」が残っていない。	3	0	0
⑧経常利益率の変動に問題がない。	3	0	0

合計　　　点

➡40点以下なら、顧問税理士に相談を！

第2章

“いい税理士”社長の勘違い

第1章では、なぜ多くの社長が「うちの税理士、もの足りない」と思うのか、この点について、経営者と税理士の双方の立場から、さまざまなケースで考えてみました。

経営者が思っている一般的な「よい税理士像」というのは、少し違うようだぞ、ということがおわかりになってきたかと思います。

よく、医者の世界では、「患者の評判がよくても、医者同士の間では技術も知識も全然ダメと評される〝ヤブ医者〟」がいます。

たとえば、ある歯医者さんは、つねに笑顔で優しく、患者さんの評判はいいのですが、業界のなかではひじょうに評価が低いといったケースです。

その歯科医院はお金をかけていてキレイなのですが、肝心の歯医者さんの治療が問題なのです。まだ虫歯が完全に治っていないのに、ふさいでしまって患者さんが他の歯医者のところに「また痛くなった」と駆け込むのです。

同様に、経営者が「こういう税理士がよい」と思っていてもそれは専門家からみると、まるで話にならないといった場合が往々にしてあります。

第2章では、この点を明確にして、皆様に本当のいい税理士に出会っていただくために、「知っているようで知らない」判断の基準を紹介していきたいと思います。

✓「規模が大きい・小さい」は関係ある？

税理士業というのは、目にみえるものを売っているわけではありません。目にみえないサービスを売っている職業です。

ですから、どんな税理士がよいかを判断する1つの目安として税理士事務所の規模の大小は、それぞれにメリット・デメリットがあり、一概にどちらがよいと答えることはできません。

また規模の大小の人数は、地域によって変わってきます。全国規模でみれば、100人以上の職員をかかえる事務所が大規模、50人以上が中規模となりますが、地方都市では、10人以上で中規模、20〜30人で大規模と言ってもおかしくありません。

したがって、読者の皆さんの地域に当てはめて、文中の大規模、中規模をイメージしてください。地方によっては、５人以下が小規模、10人前後以上が中規模となるところもあります。

規模が大きい税理士事務所のメリットとしては、複数の税理士がいることでしょう。そのような場合、税理士法人として、仕事を請け負っている場合があります。

従来は税理士の資格をもった個人にのみ、税理士事務所の開業が認められてきましたが、最近のビジネス社会の高度化、複雑化に対して、１人の税理士では対応しきれないケースがでてきたためです。

また、最近では高齢の税理士が亡くなることにより、顧問先企業が契約を打ち切られ、〝税理士難民〟が発生してしまうことがあります。

このような点から、大きな税理士事務所は、個人の資質に頼らない安定した経営力が魅力です。

反対に中小規模の税理士事務所のメリットは、小回りがきくことでしょう。

困ったことがあれば、電話一本で税理士本人が訪ねてきてくれますし、税理士は地域の顔役を兼ねている場合があり、街のちょっとしたもめ事を丸く収めてくれたりもします。

また、若者の縁談を進めてくれたり、地方銀行などと親しくしている場合が多いため、金融機関を紹介してくれたり、多額の融資が通るような方法を教えてくれることもあります。

別の業種のたとえになりますが、家電販売の世界では、都市部だけではなく地方までを含めた全国で、大手の家電量販店が売上を伸ばしてくるようになりました。ところが、大手に対抗して、いわゆる街の電気屋さんでも、がんばっているところがあります。

そのような街の電気屋さんは、おじいちゃん、おばあちゃんの1人住まいで、「高いところの蛍光灯が切れた」というような場合でも、嫌な顔ひとつせず、電話一本でかけつけるフットワークを持ち合わせているなど、大手にはできないサービスをもっているからなのです。

税理士の世界も同様で、小さな税理士事務所でも、所長も職員も一丸となって親身に面倒をみてくれる事務所であれば、規模が小さくても何ら問題はありません。

そうした点に目を向けずに、事務所が新しいか、立地がよいか、自社ビルかどうかなど、外見だけで税理士事務所を判断してはいけません。

第1章でも述べましたが、あくまでも自分が何を求めているか、で税理士を決めるべきです。

記帳だけでいいのか、月次決算まででいいのか、それとも税務監査やコンサルティングといったレベルまでを期待するのか、それによって、事務所の得意不得意がありますから、質問をして、対応してくれるかどうかを確認していけばいいのです。

また、税理士業というのは、一種のソリューションビジネスですから、あなたがかかえている問題を解決してくれる人がいいでしょう。

ここで規模にとらわれない、いい税理士選びの目安を1つ紹介します。

それは、質問上手な税理士です。

「最近、通信費が急激に増えていますが、どうされましたか?」

とひとことたずねてくれれば、

「新製品のアプローチでダイレクトメールをたくさん出しています」

「広告宣伝のためのダイレクトメールなどの通信費なら、勘定科目を通信費にするより、広告宣伝費とした方が、より経営の実態に即した会計になりますよ。ところでダイレクトメールの反応はいかがですか？」

「いやぁ、いまいち引き合いが伸びないんだよね……」

「最近はダイレクトメールより、Ｗｅｂを使った広告やＥメールなどで、新規顧客の掘り起こしをやっている企業が増えています。当事務所の関与先にＷｅｂのコンサルティングをやっているところがあって、ひじょうに評判がよいので、今度そこの社長さんをご紹介しましょうか？」

というように、質問上手な税理士さんなら、その会社がかかえる問題点を第三者の視点でみることができます。

作家という職業に一番大切なのは、編集者です。

編集者は作家が書いている文章が面白いか、面白くないか、一番早く目にする読者として、的確な意見を述べてくれるからです。

経営者にとっての税理士とは、作家と編集者に似ているかもしれません。

税理士は、その会社の売上や経費といった数字を、誰よりも早く見ることができる存在ですから、うまく活用すれば、会社のよきアドバイザーになれる存在なのです。

ですから、いい税理士と出会うには、税理士事務所の規模の大小で判断すべきではありません。

それよりも自分が税理士にどんなサービスを求めているのかどうか——。

まずは、この点を明確にすることが第一です。また、一般的な税理士事務所の場合、実際には税理士の先生よりも、担当の職員さんと顔を合わす機会が多いので、契約までに担当者を紹介してもらい、この人とうまくやっていけるかどうか確認しておくのがよいでしょう。

✓「毎月来る・来ない」は関係ある？

最近、たくさんの税理士事務所がホームページを開設しています。

これ自体はよいことだと思うのですが、顧客ほしさに「あれ？」と思うことを書いていることも目にするようになりました。

その1つが「あなたの顧問税理士は毎月ちゃんと来ていますか？　来ていないならお客様を大切にしていないのと同様ですから、問題です」というようなチェック項目を設けていることです。

極論をいえば、税理士の訪問回数というのは、1年に1回でも問題はないと思います。実際に来るのは現場に精通した職員さんですから、どうしても所長である税理士に来てもらわなくてもいいのです。

その職員さんが正確に仕事をこなし、間違いなどがあれば、みつけてくれればいいわけです。

もちろん、なかには、毎月税理士に来てほしいという経営者の方もいると思います。このような経営者の方は、税理士に求めていることがはっきりしているので、それだけで税理士を使いこなせているとも言えるでしょう。

ですが「毎月税理士本人に来てほしい」と思いながら、「安い税理士を紹介してください」と希望される方がいますが、それは難しい相談です。

いい税理士はたくさんの顧客をかかえ、忙しくしていますから、おのずと顧問料は高くなります。

高くてもあの税理士に来てほしいと思われていることが、いい税理士の証明となっているのです。

短期的にみれば、安い税理士に来てもらって、経費を安く抑えたほうが、会社は利益がでるかもしれません。

ですが、月3万円の契約を1万円にしたところでどうだというのでしょうか。

たった数万円の経費を惜しみ、有能な税理士からの数百万円、数千万円にもなる金言のようなアドバイスを受けられないのは、どう考えても損だと思います。

自社をどんな企業にしていきたいのか――。

経営者は長期的な視野に立って、そのような企業にしてくれる税理士と付き合うべきです。その上で、他の経費を節約することを考えればいいのです。毎月来る・来ないというのは、そのような意味において、ひじょうに小さな問題なのです。

✓「記帳代行する・自社でやる」は関係ある？

記帳業務とは、領収証や通帳のコピー、請求書などから、会計帳簿を作成することです。

記帳を税理士事務所に頼むことを記帳代行と言います。この記帳を税理士事務所に頼むのがよいのか、自社でやるのかどちらがいいのかと言えば、これは会社の成長度合いによって変わってくる問題です。

起業したときの社長というのは、前職でほとんどの人が〝営業のプロ〟、もしくは〝技術のプロ〟であった場合が多いと思います。だからこそ、起業というひじょうにエネルギーのいる行動が起こせたわけです。

起業した社長が〝経理のプロ〟であった——というケースはおそらくまれで、99・9％ないと思います。

ですから、創業時は税務のことはもとより、会計のことすらわからずにスタートしているので、正確な記帳などは税理士の指導のもと、行っていったほうがいいと思います。

会社の創業時というのは、どんな会社でも、キャッシュが少ないものです。

そこで、できれば税理士報酬を少なくしようと思い、記帳の作業を専門の安い代行業者に頼んだり、自分で会計ソフトを買ってきて済まそうとしますが、これらは両方、うまくいかないことが少なくありません。

無資格の記帳代行業者は、たしかに料金が安いのは事実です。ですが、彼らは最終的には何の責任ももってくれない、ということを知っておいてください。

記帳の代行業者に作成してもらったデータをもとに自分で申告書を作成して税務署に提出しても、申告書に「税理士のハンコはない」のです。また、第5章でも詳しくお話ししますが、代行業者につくってもらったデータでは、決算カウンセリングや管理会計に応用していくことは難しいでしょう。

一方で自分で会計ソフトを買ってきて入力する場合、あなたは正確に勘定科目に分けることができるでしょうか。

とりあえず、貸借を合わせて入力すれば、それらしい試算表はできあがりますが、形ばかりの計算表で中身の薄いものになるのは目にみえています。
○○というものを購入したが、これは消耗品費になるのか、もしくは広告宣伝費になるのか、はっきりとしないまま、打ち込んでいくしかありません。
「いいじゃないか、自分で記帳して申告しても。会社を設立して3年後までは税務署は来ないと聞いているぞ」

という社長さんがいますが、〝生兵法はケガのもと〟です。

税務署は会社を設立してたとえ1年目でも、来るときは来ます。

それに、「税理士のハンコが押していない申告書」というのは、申告書をチェックしている税務署署員からしてみれば、

「この申告書は税理士のハンコが押してないぞ。これは税務調査でたくさん誤りを指摘できそうだ」

と思われているかもしれません。

たとえは悪いかもしれませんが、税務署からしてみれば、「税理士のいない会社」なんて「弁護士のいない犯罪被告人」みたいなものでしょう。

税理士のハンコには、「この会社の申告書は私がチェックして責任をもって作成しております」という意味があり、税務署に対して確実に1つの信用となるのです。

会社の起業時は、申告や税務署対策の面からも、記帳代行業者や会計ソフトだけに頼るのではなく、税理士に指導を仰いで、会計的な心配をせず本業に邁進したほうが得策です。

そしていずれは、会社の規模が大きくなるにつれ、経理専門の人員を雇わねばならなくなります。

それぐらいまで、税理士に自社内に経理の面倒を見て置いてもらうと、ノウハウが蓄積されてくるので、自社だけで記帳作業と月次決算ができるようになってきます。

このようなレベルになってはじめて、税理士と相談したうえで、会計ソフトの導入を考えてよいと思います。

逆にエクセルなどで入力を済まそうとするのは危険です。会計ソフトを使った正しい記帳方法を税理士事務所に指導してもらいましょう。

すると、税理士の主たる業務も、会計監査や税務監査、コンサルティングといったレベルに変化していくのです。

記帳代行する・自社でやるという選択は、会社の規模や目的に応じて変化するということを覚えておいてください。

そして、最終的には記帳は自社でできるようにという目標をもって、日々の業務に注力するのがよいでしょう。

✓「パソコンを導入している・していない」は関係ある？

パソコンを導入している・していないというのは、税理士事務所にＩＴ環境が整備されているか・いないかの問題といったほうがいいかもしれません。

まれに、記帳を手書きの伝票でしか対応してくれない事務所があったり、メールで連絡がとれない税理士がありますが、このような税理士事務所は論外です。

ＩＴ環境の整備は、顧問先企業のためにも必須です。

前項で、会計ソフトの導入という話に少しふれましたが、最近では会計ソフトを自社に導入している企業が多いため、自社で使っている会計ソフトに対応してくれるかどうかも大事な問題です。

税理士のなかには、面倒なのか、自分の事務所で使っている会計ソフトに無理矢理変更させるところもあります。

ある事例を紹介しましょう。

新しい税理士を雇った会社がありました。その税理士は、「いまお使いの会計ソフトではダメですよ。いいソフトを知っていますから、そちらに変えてください」と強く薦めるため、顧問先は「そんなものかな……」と思い、変更しました。

しばらくして、「どうもこの税理士とは合わない」と思い、顧問契約を解除したものの、自社の会計ソフトを一旦破棄し、税理士と同じソフトに合わせていたため、再び前のものに戻すのに、ひじょうに苦労したそうです。

このような場合は、この税理士と長くやっていけるかを判断したうえで、会計ソフトを変えるようにしましょう。

こんな例もあります。

顧問税理士がメールを使用できないので「連絡はＦＡＸにしてほしい」と言われていた会社がありました。

そこで、律儀にもその会社の社長さんは、顧問税理士との連絡は、すべてＦＡＸでやりとりしていたのですが、この社長さんは、それが面倒でたまらなかったのです。

その上、メールならいつまでもやりとりの内容や、添付ファイルなどがパソコンに保存されますが、ＦＡＸは机の上にパッと置いたりしてしまうので、肝心なときに

「税理士からもらったＦＡＸどこにいったのかな」

と探す手間がかかったりしていました。

最終的には、社長さんはこの顧問税理士とは契約をやめ、ＩＴ環境が整備されている事務所と契約し、問題は解消しました。これまでずっと1人の顧問税理士しか知らなかったので、相手の言うがままになっていたのです。

ＩＴ環境の整備は、いい税理士選びのための必須項目です。整備されていない税理士事務所とは、契約の打ち切りや、契約条件の変更を考えましょう。

✓「税理士先生が来る・職員が来る」は関係ある？

先述のように、税理士の先生本人が必ず来るところが、いい税理士事務所とは限りません。

職員さんでも、現場をたくさんみてこられている場合が多いので、経験豊富な方であれば大丈夫です。

そして、職員の方が、担当する顧問先企業の状況の変化を、税理士に報告するシステムができていたら問題ないと思います。

税理士先生本人が登場しなければならないのは、申告書にハンコを押すときと、税務調査の立ち会いのときです。

この2点に責任をもってくれるならば、毎月の訪問は職員さんでいいと思います。

ところで、申告書に税理士のハンコが押してあるかどうかは、必ず確認するようにしてください。

まれに〝押していない〟申告書があるからです。

これは一体何を意味するのでしょうか。

その申告書は〝偽物税理士〟が作成した可能性があります。

まれに、いまでも、資格をもっていない偽物税理士が逮捕されたニュースが報じられたりしますが、注目すべきは顧問先企業の反応です。

偽物税理士をつかまえた警察が、顧問先企業の社長に犯人の様子を聞くのですが、「怪しいそぶりも、何の問題もなかった。むしろよく面倒をみてくれていた」

という会社が多いのだそうです。

逆にいえば、通常業務には、資格がなくても現場経験をたくさん積んでいれば、充分対応できるということです。

だいたい、本物であれ、偽物であれ、経営者の方が顧問契約をするときに

「税理士の資格証を見せてくれ」

などという人はいないと思います。

ですから、唯一チェックできる機会が申告書なのかもしれません。

毎月、税理士先生本人が来ても、職員さんが来ても、それは会社にとって大きな問題ではありません。

✓「税理士に頼む・公認会計士に頼む」は関係ある？

ＮＨＫで『監査法人』というドラマが放映され、話題になったように、若い人からも公認会計士という存在が世間の注目を集めています。

公認会計士ついて、簡単に説明しておきます。

公認会計士の資格は、一般的に、司法試験や国家公務員Ｉ種試験と同等の難しさであるといわれています。

また、公認会計士の資格をもっていれば、税理士登録することによって税理士業務を行うことができます。そのため、公認会計士のほうが税理士よりも「レベルが上」だと思っている経営者の方がいますが、これは間違いです。

公認会計士の論文式試験の必須科目は会計学・監査論・企業法・租税法、選択科目は経営学・経済学・民法・統計学です。

たとえば租税法では、法人税法、所得税法、消費税法の3つが主な内容となっているため、単に公認会計士の資格をもっていても、他の税法については詳しくない場合があります。

もちろん試験だけがすべてではありませんが、一概に「公認会計士は、税理士よりも上」だと考えるのは避けたほうがいいでしょう。

そもそも、公認会計士の〝公認〟とは〝国（公）〟が〝上場企業〟の監査をすることを〝認めた〟人という意味です。

上場企業は、株主兼社長という個人企業ではありません。

たくさんの株主をはじめとするステークホルダー（債権者・取引先・顧客、地域社会など企業の利害関係者すべて）に対して責任があります。

そこで「うちの会社は正しい経営をしていますよ」と証明する必要があるため、これらの人に変わって第三者が、上場企業にふさわしいかどうかを監査しなければなりません。これを担当するのが公認会計士です。

大きく分けて、大企業の税務と会計をみるのが公認会計士、中小企業は税理士と思っていただいて問題ありません。

公認会計士は、大きな監査法人などに所属している場合が多いため、費用の面から考えても、中小企業には税理士、もしくは公認会計士が設立した税理士事務所（もしくは会計事務所）がふさわしいと思います。

✓「ホームページが充実している・充実していない」は関係ある？

これは、税理士事務所が得意としている業務内容を明らかにしているかどうかの問題だといえます。

たとえば、お寺や神社でも、交通安全、安産祈願、商売繁盛、学業成就といったようにそれぞれ〝御利益〟が違いますし、「うちにお参りすると、○○に対して効果があるよ」とちゃんと参拝客に知らせています。

ですから、目的に応じて、参拝客はお寺や神社を訪れることができます。

先述したように、税理士は試験科目によってもすでに得意不得意が生じています。また、税理士になったあと、かかわった案件の内容には、どうしても偏りが生じてしまいます。

ですから、いい税理士ほど、自分が得意とするものを、ホームページにはっきりわかるように載せています。

さらに、得意とする業務内容が明確になっていて、その業務を依頼するとなるといくらになるかという金額の目安まで載っていればなおよいです。

お客様にとって、他の税理士と比較することが可能になりますし、いわれのない費用は誰だって払いたくないのは、当然だからです。

ただ、注意したいのは、同じ業務内容によって金額が異なった場合、経営者はどのように考えるべきかということです。

まず金額が安い場合です。

これはいい悪いは別として、

「薄利多売の経営戦略をもっている」

「安い金額で引き受けるけれども、顧客の企業規模が大きくなれば値段を上げる」

「開業したてでお客さんが少ない」

などのケースが考えられます。

金額が平均かそれ以上の場合は、

「平均かそれ以上の金額を企業からもらえないと、時間をさくことができない」

「お客様としっかり向き合うのに、最低限の金額」

「これ以上の金額を払えないお客様とは付き合いたくない」

などの理由が考えられます。

どのような理由で、その価格を明示しているかは、実際にお会いし、聞いてみるのが一番だと思います。

ここで、ホームページからいい税理士事務所かどうかを判断する方法を1つ、紹介しましょう。

それは、契約するかしないかを別にして、ホームページのお問い合せ欄や、メールアドレスから実際にメールを送信してみることです。

送信する時間帯にもよりますが、いい税理士事務所なら即返信メールが返ってくると思います。

目安としては数時間～24時間以内なら、サービスが充実した事務所です。

また、翌日までの返答なら及第点ですが、数日経ってからというのは論外です。

✓「ベテラン税理士か・若手税理士か」は関係ある？

とにかく若くて元気な税理士に来てほしい——。

こういったことを希望される経営者の方がいらっしゃいますが、この問題も、一概にどちらがいいとは言えませんので、それぞれについてのメリットとデメリットをご説明させていただきます。

若手税理士のメリットはベテランの方と比べて、相対的に価格が安いことです。開業してまもなくであるなら、顧問先が少ない場合が多いので、平均よりは安いと思います。

また、若いため、「これからお客様のためにがんばるぞ。そして事務所を大きくしていくぞ」という気持ちで燃えているため、そのようなエネルギーにみちあふれた税理士と付き合いたいという経営者の方には向いていると思います。

若くして税理士になっているということを考えれば、正規の試験組である可能性が高いと思います（32、91ページ参照）。

そして、開業したての可能性が高いので、お客様が少ない分、1つひとつの顧問先を大切にしてくれるでしょう。

デメリットは、経験が少ないことです。

たとえば、税務調査などでは、海千山千の税務調査官に向かって、さまざまな知識や経験を総動員した臨機応変な対応が求められます。

若くて経験の少ない税理士なら、税務調査官とのやりとりに不安も残りますが、若さとパワーで押し切ってくれるのであれば問題ありません。

ここで、若い税理士を希望される方に1つお聞きしたいことがあります。

それは「人は無意識のうちに反対の性質を求める」ということです。ですから、とにかく若ければいい、と考える経営者の人は、以前、ベテラン税理士の方とうまくいかなかった経験がおありなのではないでしょうか。

この場合は、なぜうまくいかなかったのかを経営者のほうも考える必要があります。税理士だけをうまくいかなかった原因にするのではなく、自社にも問題はなかったかをよく考えてみてから、次の税理士を探すように心がけてください。

ベテラン税理士のメリットは、豊富な経験です。

たくさんの案件にかかわっているため、若手からは考えられないような知識やテクニックをもっている人がいます。

また、税務調査の立ち会い時には、調査官が若手なら、少し話しただけで諦めさせてしまうような人もいますし、やんわり諭したり、議論に打ち勝ってしまうような人もいます。さらに、記帳だけでなく、税務監査やコンサルティング能力も高いものが期待できるでしょう。

デメリットは、多少平均よりも価格が高くなることです。

さらに、ＩＴの知識が若手よりも若干劣る傾向は否めません。

若手税理士・ベテラン税理士のメリット・デメリットを思いつくままに述べましたが、注意していただきたいのは「そのような傾向にある」ということです。

一概によい悪いを判断することは不可能です。

いずれにせよ、自社の進むべき方向を見定めて、目的に沿った税理士を選ぶのが正解だと言えます。

✓「本を書いている・書いていない」は関係ある？

本を書いていることは、いい税理士の1つの目安となります。

ですが、本を書いているからといって総合的に優れている税理士だと判断するのは、早計というものです。

ポイントとなるのは〝本の内容〟ではないでしょうか。

税理士から「私が出した本です」と手渡されて、もし有名出版社の本だったりするとすぐに信用してしまう経営者がいますが、それは間違いです。

顧問契約するかどうか判断の材料にしたいのであれば、

①自社の方向性に合う税理士だと思われる内容が含まれているか
②経営に役に立つ内容が盛り込まれているか
③本の内容が専門家以外に理解できるように書かれているか

これらの点を確認するために、ぜひ一度、実際に読んでみることをおすすめします。

また、何人かの税理士によって基本構成が組み立てられ、共著となっているような場合はどうでしょうか。本を出すことにまったく興味を示さない税理士より、経営課題に対して積極的である証拠なので、社長の期待にこたえるアドバイスを持ち合わせていると言えます。

そして、文章には、書き手の性格が現れていると思ってください。

ですから、「本の内容に共感できない」「自分とは肌が合わない気がする」と思われた場合は、たとえ有名な出版社から発行され、有名書店でみかけることがあっても、自分の感覚を信用すべきです。

本を出しているということは、税理士にとって〝ブランド〟です。

あくまでもブランドですので、経営者たるもの、そのブランドに惑わされず〝実質主義〟を貫くようにしてください。

ある悪い例を紹介しましょう。

D社の社長は、書店で見つけた本の先生が近所であったため、「近くにすごい先生がいるな」と思い、本の内容も吟味せず顧問契約をしてしまいました。

その後、この先生は月に一度、D社を訪ねて来て、いろいろ税務や会計のことに対してコメントして帰って行くのですが、社長さんはその内容がさっぱりわからなかったそうです。

本を出しているほど偉い先生だ、という思いこみが邪魔をして、質問することすらはばかられ、結果、月に一度の税理士の訪問時には、その経営者はまるで修行僧のように1時間半じっと黙っていただけだったそうです。

「あれはつらい日々だった……」

そのような状況に耐えかね、弊社にご相談にみえたので、新しい税理士を紹介し、事なきを得たのですが、できればこんな事態は避けたいものです。

✓ 税理士なら税金のことはすべて知っている？

第1章でも少しふれましたが、税理士になるには税理士試験に合格しなければなりません。

必修科目と選択科目を合わせて全11科目のうち、5科目で合格しているはずですが、その他の科目については、試験勉強をしていない可能性があります。

また、試験組以外にも、税務署に23年間在籍し、税理士の資格を取得したいわゆるOB税理士がいます。

数的に多くの実務に携わったため〝優秀〟と思われるOB税理士でさえ、法人税を担当していた人はその担当を続けます。

まれにさまざまな分野を経験する人もいますが、基本的には、お役所は縦割り社会です。横のつながりが希薄になるので、担当外の税目などについてはよく知らない場合が多いようです。つまり、「税理士なら税金のことは何でもわかる」と決めつけるのは危険です。

税は国家なり――という言葉が示すように、税は壮大な体系です。

あまりに大きいため一個人が税のすべてを把握し、その知識をもとに個人・法人を問わず、さまざまな目的の顧問先に対応していくのにはどうしても無理が生じます。

次ページの表をご覧ください。

税は大きく分けて、「国税」と「地方税」に分かれており、さらに地方税は「道府県税」と「市町村税」に分かれています。

また、税金を負担する人と、税金を納める人によって、「直接税」と「間接税」に分かれます。たとえば、消費税は負担する人と納める人が別なので間接税ということ

税金にはこれだけ種類がある

税

地方税

市町村税

- 市町村民税
- 固定資産税
- 軽自動車税
- 市町村たばこ税
- 鉱産税
- 特別土地保有税

- 入湯税
- 事業所税
- 都市計画税
- 水利地益税
- 共同施設税
- 宅地開発税
- 国民健康保険税

道府県税

- 道府県民税
- 事業税
- 不動産取得税
- 道府県たばこ税
- ゴルフ場利用税
- 特別地方消費税
- 自動車税
- 鉱区税
- 狩猟者登録税

- 自動車取得税
- 軽油引取税
- 入猟税

国税

直接税

- 所得税
- 法人税
- 相続税
- 贈与税
- 地価税
- 登録免許税

間接税

- 酒税
- たばこ税
- 石油税
- 石油ガス税
- 揮発油税
- 地方道路税
- 自動車重量税
- 取引所税
- 有価証券取引税
- 印紙税
- 登録免許税
- 航空機燃料税
- 関税
- 電源開発促進税
- 消費税

になります。

先述しましたが、税務署ＯＢでも、これらの税のうち担当するのは、その一部です。他の税金は、管轄が異なってくるため、やはり門外漢となってしまいます。

ここで考えていただきたいことがあります。

たとえば皆様の会社に税務調査が入り、調査官から追徴金などを課された場合、どうしても納得できないことがあったとしましょう。

このとき、よく勉強しており、経験豊富で、専門分野をもっているような税理士は、税務署の一方的な通知に対して、経営者と一緒に戦う姿勢を示してくれます。

これが「異議申し立て」や「審査請求」といわれる制度です。

異議申し立てがあると、税務署長は異議申立人から意見を聴き、調査の見直しを行い、「却下」「棄却」「取り消し」のいずれかの決定をします。そしてこの決定を異議決定書に記入して、送り返してくれます。

さらに、不服があれば、審査請求が行えます。

答弁書を作成し提出すると、実質審理が開始され、必要とあらば証拠書類なども提出できます。

もうおわかりではないしょうか。読者の皆様方に必要な税理士とは、総花的に何でも知っているような税理士よりも、やる気があり、専門知識があり、必要とあらば、税務署とでも戦ってくれるような税理士なのです。

税の知識が豊富にあるに越したことはありません。しかし、経営者の側に立ってくれるかどうかのほうがより重要なのです。

第3章

ここに注目！
“いい税理士”
7つのポイント

前章では、経営者が「いい税理士だ」と勘違いしやすい項目について、私の経験上、注意点を中心に述べてきました。

本章では、いい税理士のポイントを次の7つに絞り、それぞれの項目について、できるかぎり具体的に紹介していきます。

①相性
②わかりやすい説明
③連絡が密
④偉そうにしない
⑤痛みを共有してくれる
⑥業界を理解してくれる
⑦税務署よりも社長の味方

そして「税務署の言いなりにならず、経営者の味方であり、アドバイザーとなる税理士の見つけ方」について、詳しく述べていきたいと思います。

✓ 相性は何よりも大事

税理士と経営者は、立場の違いこそあれ、つまるところ人間同士の付き合いです。そのため相性はひじょうに大切です。

これまで述べてきたように、税理士の専門知識なども、もちろん大切なのですが、相性が悪いと本来スムーズに進むべき仕事が、なにかとぎこちなくなったりします。

また、税理士に記帳だけを頼むだけならかまいませんが、今後事業をさらに大きくしていきたい、そのときには仕事上のアドバイスをほしいと望む場合なら、やはり相性は重要になってきます。

では、「この税理士の先生とは相性がよさそうだ」と読者の方々に判断してもらうには、どの点に気をつければいいのでしょうか。

やはり、新しい税理士を探すときは、事務所まで出かけていき、実際に会うように心がけるべきです。電話だけというのは、よくありません。

1時間ぐらい話せば、相性のよしあしは誰でも判断できると思いますが、もしもわからないときは「自分が話しやすいと思ったかどうか」で考えてみてください。

話しやすい人というのは、聞き上手な人ということです。

初対面の際に聞き上手な税理士は、その後も、顧問先の意見をよく聞いた上で最適な方法を選択し、仕事を進めてくれる可能性が高いと思います。

ほかにも、相性を判断するときには、年齢、男女、育った環境なども考慮に入れたほうがいいでしょう。

たとえばこのようなケースがあります。

顧問先企業の社長が30歳、税理士が70歳ですと、ヘタをすれば孫と祖父ほどの年齢差があるため、どうしても税理士の先生から社長に〝教える〟という接し方になってしまいますし、場合によっては〝タメ口〟で話す税理士もいます。こうなると社長としては、やりづらくなってしまいます。

極端な例だと思われるかもしれませんが、若くして事業を引き継いだ2代目社長で、先代の社長時代から付き合っていた顧問税理士がいると、まさにこのような状況になります。現実にはよくあるケースです。

そんな若い2代目社長がご相談に来られますと、私は2代目の税理士を紹介することがあります。境遇や立場がよく似ており、お互いが理解しやすい分、相性がよくなると考えるからです。

また、最近は女性起業家の方が多数いらっしゃいます。

みなさん、男性顔負けの行動力で会社を起こし、男性同様にバリバリ働いていらっしゃいます。

ですが一見、男性的に見える女性社長でも、経験上「同性の税理士のほうがうまくいくかな」と思い、女性税理士を紹介すると、〝女性ならではの感性〟に共感するからでしょうか、お互いにとってよい刺激になったりします。

さらに、女性税理士や女性社長というのは、周囲が男性ばかりということがよくあり、ビジネス抜きで話し合える友人に発展することもたびたびあります。

いい税理士で一番大切なもの、それは能力や経験ではなく、相性です。

✓ わかりやすい説明をしてくれるかを見抜く質問

税務や会計の世界では、一般の人が知らない専門用語が数多くあります。
税理士が顧問先に、月次決算や申告などの説明する際には、どうしても専門用語が口をついてでてしまいます。

また、専門家は言葉を省略してしまいがちです。たとえば、「販売費及び一般管理費」を「販管費」といったりします。これでは普通の人はわかりません。

専門用語を経営者にもわかるようかみ砕いて説明してくれたり、他の用語に置き換えたりする努力をしてくれるのが、いい税理士です。

「わかりやすい説明」をしてくれる税理士かどうかを見分けるのに、いい質問の例を1つご紹介させていただきます。

それは会話の流れのなかで、税理士に、

「流動比率って何ですか？」

“いい税理士”を見分ける10の質問

項目		ポイント
1	電話やメールのお返事はいついただけますか？	24時間以内で、できるだけ早いに越したことはない
2	メールは使えますか？	いまやメールは最低限必要なコミュニケーションツール。だが、使えない税理士は珍しくない
3	わが社で使っている会計ソフトを使いこなせますか？	自社の会計ソフトに対応してくれない税理士はNG
4	税務調査に対応するノウハウはありますか？	ノウハウをもち、かつ「税務調査対応マニュアル」などのツールが揃っていればなおいい
5	経営に役立つ情報を送っていらっしゃいますか？	「事務所通信」「ニュースレター」などを発信するのが、いまの税理士の使命でもある
6	流動比率って何ですか？	この言葉を1分以内であなたが理解できるように説明できない税理士には「No」と言おう
7	顧問料はいくらですか？	料金表があり、ある程度明確な金額が提示できればOK。そうでなければ顧問料は「時価」
8	顧問契約を行うとき、契約書を交わしますか？	契約書を交わす税理士は少数派だが、後のトラブルを回避するには書面で残すほうがいい
9	私と同じ業種の顧問先がありますか？	あるに越したことはないが、「初めてですので勉強しながらサポートします」という誠実な人も合格
10	経営計画、決算カウンセリング等のサポートはありますか？	不況期、企業が生き残るのに経営計画や決算カウンセリングは欠かせない

＊1～4はクリアしておくべき必須科目。5～8は確認しておきたい項目。9～10はコンサルティングを受けたいなら必須

と一度、聞いてみることです。

聞く際に、あなたが〝流動比率〟について事前に調べておく必要はまったくありません。

目的は「まったく知らないあなた」に対して、専門用語を使用せずに、意味を理解させることができるか、をみることだからです。

この言葉を〝1分以内〟にあなたが理解できる言葉で、しっかりと説明できない税理士は、新規で顧問契約をする、顧問契約を継続する、どちらの場合にもNOと判断してもらってよいと思います。

ちなみに、流動比率とは〝会社の安全性を見る代表的な指標〟です。

自社の貸借対照表を見てみてください。

流動資産、流動負債という項目があると思いますから、内容はわからなくていいので、流動資産÷流動負債を電卓で叩いてみてください。この数値が「1」かそれ以上ならば、借金に対し、同額に近い現金をもっていることとなり、みなさんの会社は〝返済能力〟がある健全な会社だということがわかります。

いまある現預金やこれから入ってくるお金と、これからでていくお金の比率をみるもので、この数値によって、短期的にキャッシュに行き詰っていないか、根拠を示すことができます。

いかがでしょうか。

何となくわかった気になられたのではないでしょうか。

要は何も知らない人に対して、できるだけ専門用語を使わず、説明してくれるのがいい税理士だということです。

会社の数字が読めれば、将来の目標を数字で表すことができます。

上場企業の決算期になれば、日本経済新聞上の他社の貸借対照表などの数字をみて、自社と比べることができます。

そんな「大きな目」をもつ経営者の会社というのは、景気がよい悪いに関係なく、これからも伸びていくことができるでしょう。このように、経営者に「会計」と「税務」の重要性をわかりやすい言葉で知らしめ、会社の業績に対して、間接的にでも貢献していくところに、税理士の社会的意義があると思います。

相性の次に大切なのが、わかりやすい説明ができるかどうか、なのです。

✓〝いい税理士〟は社長に「考えさせる」

「流動比率って何ですか？」と聞く以外にも方法はあります。

この税理士事務所に決めようと思ったとき、過去の決算書をもって行き、過去の経営状況をすべて説明してみることです。そこで、

「弊社に会計上の問題点や何かお気づきの点があれば、お教えいただけますか？」

とアドバイスを求めます。

その〝答え方〟で、よい税理士かどうかの見分けがつくのです。

基準は前項と同じく、専門用語を使用せずに、わかりやすく理解してくれるかどうかです。

ほかにも「資産表の見方がわからないのですが、どこから見ていけばいいのでしょうか」「決算前に抑えておくポイントはどこでしょうか」「在庫が多すぎて困っていま

す。会計上適切な処理を考えていただきたいのですが……」など自分が常々思っている、実際に困っていることを質問してみましょう。

「こんな簡単なことを聞いて失礼にならないか」「自分のようにまだ会社が小さいところでは、聞くのがはばかられる」。そのような心配をする社長がいますが、心配は無用です。どんなことでも心の内を税理士にぶつけてみてください。

いずれにしても、その答えが、評論家然としていて「当たり前のことしか言わない税理士」はよくない税理士の典型です。

たとえば、ある会社の経費が人件費によって圧迫されているとします。

それに対して「あなたの会社は人件費が高いようですね。圧縮しましょう」という評論家的アドバイスでは何の解決にもなりません。

なぜなら経営者はそんなことは百も承知だからで、圧縮したくても何らかの理由で実行できないか、方法がわからないから、そのままになってしまっているのです。このとき、いい税理士なら、

「社長の会社は同業他社さんに比べて少し人件費が高いように思いますが、今後どの

ように対応されますか？」

と〝断定〞してくるのではなく〝聞き返して〞くると思います。すると、

「私はいますぐ人をリストラするつもりはありません。できるかぎり雇用は守ってあげたいからです。しかし、社歴が長い人の給料は、いまのご時世だから一律カットなどの策を考えようと思います」

という答えを社長自身から引き出すこともできますし、それに対して税理士が、

「じつは当事務所の顧問先に、同業他社の社長さんがおり、給与を1割カット2割カットされた実例があります。一度、従業員の方に時間をとって1人ずつ面談されてはいかがでしょうか？　資料が必要とあらばいつでもご用命ください。用意しますよ」

と答えればどうでしょう。

この会社の状況は、どんどん改善に向かっていくのではないでしょうか。

このように、社長自身に答えを考えさせる、社長に代わって問題点を整理してくれるのが、いい税理士だと思います。

ですが、実際に問題を解決するのは、あくまでも経営者本人です。具体的な解決法

が提示できないからといって、その税理士を無能と決めつけるのはやめましょう。

✓ レスポンスは速ければ速いほどいいが――

税理士事務所にかかわらず、業績がいい組織というのは、連絡してからのレスポンスが速いのが特徴です。お客様を待たせないシステムができあがっているからです。

これまでにも何度かお話ししてきましたが、税理士に連絡をしてから24時間以内に折り返しの連絡がない人は、よくない税理士です。せいぜい翌日までです。

24時間以内に連絡がないということは、考えてみればかなり怖いことです。

たとえば、読者の皆様の会社に税務調査が入ったとします。

以下は、早速事務所に電話をかけたときの事務員とのやりとりです。

経営者「先生はいらっしゃいますか。たいへんです。税務調査が入ったんです」

事務員「わかりました。いま外回りをしておりますので、伝えておきます」

経営者「伝えておくって、いつ連絡がつくんですか」
事務員「とりあえず、伝えておくとしか……」

冗談のように思われるかもしれませんが、これは実際に私が耳にしたケースです。

こんなやりとりを事務員とする経営者はほんとうに不幸だといえます。

こんな事態を避けるためにも、ふだんからの連絡を密にしておくことが大切です。

もっとも、優秀な税理士は、税務調査の連絡が会社に入ったら、即答しないで、「顧問税理士に確認してから、税務調査の日を……」と回答するよう、しっかり教えていることでしょう。

それに緊急時には、昔とは違い、現代は携帯電話やメールがあるわけですから、わざわざ事務員にとりついでもらわなくても、税理士に直接連絡をとることも可能です。

顧客第一主義をとっている税理士なら、名刺を渡すときに携帯電話の番号を書き添えながら、「ふだんは担当の職員をつけますが、緊急時にはいつでも私の携帯に直接ご連絡ください」などと言ってくれるはずです。

また、レスポンスが速いといっても次のようなケースは問題です。

たとえば、難しい内容の質問をしたときに、すぐに「それは無理ですね」など即答されたりする場合です。そのような対応をされると経営者は「面倒だから〝無理〟と決めつけているのではないかな？」と疑ってしまうでしょう。

現に、ある税理士は、税務署での無料相談のときに、たくさんの相談者が押し寄せてくるので「すぐに即答しないと数をさばけない」と不満を漏らしています。だからグレーゾーンの領収書などはすべて「無理です」と答えているとのことでした。

いい税理士は、難しい案件に答えるとき、

「少し調べてからお答えいたしますので、2～3日いただいてもよろしいでしょうか。ただし社長様の業務に支障のないようにできるだけ早くしますので、ご心配なさらないでください」

というふうに返してくるはずです。必ずしも即答するのがよい税理士とは限りません。緊急時にはレスポンスが速く、難しい案件にはじっくりと調べてくれる――そのような税理士が、いい税理士だと思います。

✓ 偉そうにしない先生は〝いい税理士〟

税理士は、顧問先でも会計事務所内でも〝先生〟と呼ばれます。

どこでも、いつでも、誰からも、「先生、先生」と呼ばれ続けていると、感覚が麻痺してくるのでしょうか。いつの間にか「自分は偉い」と勘違いしてしまう人がいるようです。ですが、自分のことを偉いと思っている税理士は、どうしても態度に表れてしまいます。

この点を見分けるためのチェックポイントをいくつか挙げておきます。

たとえば、社長さんが税理士事務所を訪ねていったとき、税理士本人がでてくるまでに5分以上待たせてしまうところがあります。

どんなに偉くても、専門知識をもっていても、顧問先企業は税理士にとってあくまでもお客様です。そのお客様に少しでも嫌な思いをさせるという行為は、偉そうにしていることになります。

このような税理士には、顧客満足という観点がありません。

そうすると、遅かれ早かれ、お客さんを失っていきますから、顧問先の数が減っていきます。数が減ってくるとそれだけ実務が経験できる機会が減ってくるので、能力が衰えて、やはりいい税理士ではなくなります。

また、これまで手がけてきた仕事や顧問先企業などの自慢話をする人も偉そうな税理士の典型です。

「以前、ある会社を株式上場させたことがある」「この地域で有名な店が顧問先で、そこは宮内庁御用達で……」という具合です。

もちろん、このような話でも場合によっては喜んで聞く顧問先企業の社長さんもいるかもしれません。しかし、そのようなことよりも、

「じつは、同業他社のある会社では、各店の経理のシステムを○○のように変更されており、これにより、売上がリアルタイムで把握できているようです。これにより、中長期の経営戦略上も……」

というように同業他社の新鮮な話題を出したり、経営上のアドバイスについて話し

合ってくれるというのが、理想なのではないでしょうか。もちろん、これらの話は守秘義務を守った上でのことです。偉そうに自慢話だけをする税理士は、顧問先にとって、何のプラスにもなりません。

これからは偉そうにする税理士よりも、顧客満足を目指す税理士の時代です。顧問先にとって必要な情報が新聞に載っていたら切り抜いてFAXをする。顧問先の近くに寄ることがあるなら、通り過ぎず顔をだして、たとえ5分でも話をしていく。あるいは、顧問先の業界情報について調べておく。顧問先同士でビジネス関係が生まれそうな会社をそれぞれに紹介する。

考えてみれば、税理士が顧問先企業に対してやるべきことは記帳や申告、コンサルティング以外にも山のように存在します。

偉そうな税理士ではなく、顧客のビジネスをサポートする意欲のある税理士を見つけ、お付き合いしてください。

社長の痛みを共有してくれる

税理士という職業は、フランチャイズ契約と似ているかもしれません。

本部をフランチャイザーと呼び、出資して看板を借り、ノウハウを受ける側をフランチャイジー（加盟店）と呼びます。

悪いフランチャイザーの場合、加盟料などを割高に設定しておき、フランチャイジーの成績がよかろうと悪かろうと、一方的に本部だけが儲かっていく契約をしているところがあります。

税理士とは不思議なもので、お客様の会社と契約関係にありながら、相手の業績に大きく左右される仕事ではないという意味においては、これに似ている部分があると思います。

しかし、これではなかなか経営者と税理士が「痛み」を共有することはできません。

普通の商売なら、取引先の売上が落ちたりすると、自社の売上も落ちるために、取引先とは運命共同体という関係にあることが多いと思います。

ですが、税理士というのは、相手の業績が上がったときは、顧問料の値上げを要求することはあっても、たとえ相手の業績が下がったときに値下げを持ちかけることはなかなかないかもしれません。

もちろん、会社の経営の責任をとるのは、その会社の経営陣であるのは当然のことですが、税務と会計のサポートをしている税理士にまったく責任がないとは私には思えません。

ですから、新しく税理士を探している場合、「月6万円で」という曖昧さを残したまま契約するのではなく、記帳代行で3万円、会計顧問報酬で1万円、税務相談報酬で2万円など、内訳を確認しておくことも一考かと思います。

すると、たとえば会社の自計化が進み、記帳を自社でこなせるようになれば、その分、空いた時間をコンサルや会計チェックにさいてもらうこともできるわけです。

また、自社の売上に大きな変動があった場合、顧問料がどうなるかについても、事前に質問して確認しておくとよいでしょう。

「創業時にある税理士と契約し、しばらくして儲かってきたから値上げをもちかけられた。これは悪い税理士ではないか」という相談を寄せられる経営者の方がいますが、これは一概に悪いとはいえないケースです。

それは、多くの税理士は創業時パックというようなものを用意しており、創業時に1円でも経費を節約したいという経営者の気持ちを慮《おもんぱか》り、通常の料金よりも20〜30％安く月額料金などを設定している場合があるからです。

これは、その税理士が、経営者の気持ちになりたい、痛みを共有したいという気持ちの表れでもあると思います。

そういう心遣いを知らずして「値上げを要求されたので、新しい税理士を探したい」というのはあまり感心できません。

痛みを共有してくれるかを判断するためには、売上が悪かったときや創業時の苦労話をしてみましょう。たいていは、そのときの反応でわかると思います。

✓

業界に精通しているか確認してみよう

どんな仕事にも、業界別の事情というものが存在します。

たとえば、支払いに手形決済が多かったり、現金なら半年後入金という業界があります。

そうした事情をよく知らず、貸借対照表だけをみて、

「社長の会社は売掛金が多いですね」

とコメントされたりすると、

「現場も知らないクセに。やっぱり税理士は先生稼業だな――」

というふうに経営者は不快な思いをいだきます。

つまり、業界には良い悪いは別として、各種特有の慣習というものも存在するため、そのあたりの事情を考慮に入れないと、税理士として取引先に正しいアドバイスはできないということなのです。

「そんな業界の事情というのは、新聞や専門誌などを読めば理解できるじゃないか」というのは早計な考え方です。

物事には、活字になることと、ならないことがあります。

いわゆる不文律というものです。

そのような特殊な業界事情というのは、やはりその業界の顧問先を多くかかえていたりする税理士事務所がよく知っており、結果、当を得たアドバイスをすることができるのです。

ですから社長さんが「自分の仕事はどちらかというと特殊な業界になるな」と思われる場合は、専門の税理士を探して依頼するのも得策です。

第5章でも詳しくご説明しますが、税務調査時においても、業界別に狙われやすいポイントというものが確実に存在します。

たとえば、建設業では「完成工事と未完成工事が適切に区分されているか」「棚卸資産に形状されている金額が妥当か」「期ズレ」などに気をつけなければなりません。

これらを適当に処理してしまっている税理士は、税務調査時に、税務署から不備を指摘され、修正申告、はては追徴金に応じなければならなくなり、最終的に顧問先に迷惑をかけてしまいます。

また、飲食業では、人件費の割り増しに税務署は特に注意しているため、税務調査では、アルバイトを含む従業員が実在するかどうかまで徹底的に調べられます。

従業員名簿を調べ、基本情報を得た上で、タイムレコーダーがチェックされます。

「そんな税務署のやり口などお見通しさ。架空のタイムカードもちゃんとつくっている」といって安心している会社もあるようですが、プロの税務調査官をあざむこうというのは、少し無理があると思います。

たとえば、社長から1人分の架空人件費の作成を依頼されている総務課長などは、律儀にも毎日自分が出勤したときに、もう1枚のタイムレコーダーを通したりしていますが、

「どうして毎日、同じ時刻なのですか？　一緒に出勤していらっしゃるのですか」と問い詰められると、「すいませんでした……」とすぐに白状せざるを得なくなります。

最近、問い合わせに来られるお客様のなかにも「製造業に詳しい税理士を紹介して

ください」「IT業界に詳しい税理士はいますか」という方が増えています。

さまざまな事情をよく知ったうえで、経営者に適切なアドバイスをし、業種別の税務調査対策にも詳しく、業界を理解してくれる税理士というのは、社長からするとこれほど心強い存在はないでしょう。

✓ 税務署よりも社長の味方！

ここまで読んでこられた方には、少ないと思いますが、「私は税理士には期待していない。これまでも裏切られっぱなしだ。だから、高い金を出して契約するよりも、自分でやっておいて、税務署が来たらそのときは諦める」という人がときどきいらっしゃいます。

おそらく、このような経営者というのは、信用してきた税理士の能力を疑うような経験を過去にされてきたのでしょう。

月次決算や申告書を作成し、自信をもって税務署に提出しても、調査が来るたびにささいな点を指摘され、修正申告ばかりしてきた。日頃は社長の味方というような顔をしておいて、いざ税務署が来たら「社長。それはダメですよ」と手のひらを返したような対応をされた。

正しい申告をしているのに、このような税理士にあたっていては、報酬を払って契約する経営者の側からすれば、たまったものではありません。

このような経営者の方々から

「そもそも、税務署と戦ってくれる税理士というのは存在するのでしょうか？」

との質問を受けることがあります。

この質問に対して、ハッキリとお答えしておかなければなりません。

「います！」

それも、たくさん、です。

税理士というのは、税法全般の専門家ですから、法律家とも言えます。

弁護士は、依頼人から弁護を依頼されれば、依頼人とともに、一生懸命知恵を絞って戦います。税理士も同じ法律家ですから、経営者のために税務署と戦ってくれる人は大勢います。ただ、皆さんがいままでそのようないい税理士と出会う機会がなかっただけなのです。

戦っている税理士というのは、戦い方を知っています。

たとえば、税務署からある点で見解の相違が発生し、修正申告するよう強要されたりしても「調査官、それは納得できませんね。平成○年○月○日の××高裁の判例にもある通り、おっしゃる指摘はこれに該当しますので、不適当だと思います」というように、法律家として、過去の有益な判例などをだしてくれます。

つまり、戦う税理士と、そうでない税理士の違いは、税務署に指摘された際に「根拠が示せる」かどうかなのです。

他にも、たとえば自宅兼会社にしていて、電気代の按分について、税務署ともめたとします。そのときに、「建物の床面積が50対50だから、電気代も半分だけ経費として申告しています」と根拠を示せればいいのです。

このように、ちょっとした「根拠を示す」ことを嫌がる税理士というのが、これまで経営者の皆さんを苦しめてきました。

戦ってくれる税理士は、自分の役割に信念をもっています。

お客様のために全力で戦うという信念です。

✓ 税理士だって人間。嫌われる経営者とは？

社長の味方になってくれる税理士が少ないと嘆く経営者の方がいます。ですが、このような見方が一概に正しいとはいえません。それは、社長さんも「税理士を味方につける努力」をしていないからです。

税理士も人の子です。

税理士だって、好きな経営者と嫌いな経営者のタイプがいます。

好かれるタイプの人は、不正をせず、まじめに申告する経営者です。

嫌われるのは、税理士を「雇ってやっている」という意識をもっていたり、「脱税をしてほしい」ともちかけてくる経営者です。

そこまでではなくても、「本当のこと」を明かしてくれない経営者には、税理士の側も協力したくてもできないものです。

たとえば、税務署から税務調査に行くと連絡があったとします。実は社長は「思い当たる箇所」があったのですが、そのことを税理士に告げていませんでした。

税務調査は3日後だったので、それに備え、税理士と経営者は、帳簿類をもう一度チェックし、入念にリハーサルまで行いました。最後に税理士は言いました。

「私のやるべきことは全部やりました。あとは、税務署が来ても大丈夫です。それはそうと社長、本当に私に隠していることはありませんね？」

「もちろんです。先生！」

と念を押されたにもかかわらず、調査当日になって、調査官から不正な点をみつけられてはじめて発覚。当然それを知らない税理士は、呆れ顔で「なぜ私に重要な事実を隠しておいたのですか」と言うしかありません。

税理士は、いってみれば社長の女房役です。

女房役に隠し事をしていれば、会社がうまく回るはずがありません。

この社長は、やはり税務調査前に、税理士にすべて正直に打ち明けるべきだったと思います。すると税理士のほうも、不正を見逃すわけにはいきませんが、いくつか打つべき手を一緒に考えてくれたはずです。

そこで考えていただきたいのです。

この経営者が「税理士は役に立たない」と思ったとしたらそれは正しいでしょうか。間違っているのは、明らかに経営者のほうです。

不正をせず、上から目線にならず、脱税をもちかけず、すべてを正直に税理士に話すようにしていると、税理士を味方につけることができます。

もしかすると、ほかの顧問先よりもさまざまな面で優遇してくれるかもしれません。

ぜひ、経営者側も税理士に好かれる努力を怠らないように心がけてください。

第4章

“いい税理士”の探し方、教えます

前章では、いい税理士の見分け方を7つのポイントに絞り、ご説明させていただきました。皆様にとって、どのような税理士が必要か、少しずつイメージが湧いてきたのではないでしょうか。

次のステップは、ここまでお話ししたことを頭のなかに入れて、実際にいい税理士を探していくことです。そして、ぜひ〝7つのポイント〟にかなう税理士を見つけてください。

✓ 〝いい税理士〟の探し方、頼み方5つのポイント

では実際にいい税理士を探すときは、どうすればいいのでしょうか。

大きくわけて以下の5つがあります。それぞれの項目について考えていきましょう。

①友人の顧問税理士を紹介してもらう

②銀行員や保険会社の営業マンに紹介してもらう

③電話帳や看板、税理士会の名簿などで探す
④インターネットで探す
⑤税理士紹介サイトに依頼する

①の方法は、もっともポピュラーなものです。税理士も依頼者も、友人という仲介者がいるということで、お互い簡単な身元保証にはなりますし、信用しやすいことがメリットです。

ただし、注意すべき点は、友人と相性がいいからといって、あなたとその税理士が相性がいいとは限らないことです。

スポット契約ならまだしも、税理士との月次の顧問契約は長期にわたることになりますので、友人の紹介でもあなたにとって少しでも引っかかるところがあれば、慎重になったほうがよいでしょう。

第3章でも述べましたが、いい税理士の条件は依頼人によってさまざまですし、もっとも大切なのは相性です。

また、友人から紹介してもらうと、いざ顧問契約をして「自社にとってよくない」と思い始めたとしても、紹介してもらった手前「切りにくい」というデメリットもあります。

したがって、友人に税理士を紹介してもらう場合には事前に、友人から情報をもらってから会うのが賢明です。

タウンページなどをめくったり、管轄税務署の玄関などに赴けば（地元税理士会の税理士が住所電話番号付きで一覧になっていますので）、近隣のたくさんの税理士のなかから、選ぶことが可能になります。

ただ、地元密着型の税理士というのは、身元のわからない人の〝新規飛び込み〟を敬遠する傾向がないとはいえません。自社の事情を説明して、お互いに納得してからであればＯＫだと思います。

④は、ここ10年ほどで顕著になってきた新しい方法です。うまく活用すれば、自社にピッタリの税理士をみつけることができるでしょう。

ですが、ただ単に「税理士」とだけ検索エンジンに入力して探すとなると、何万件もの検索結果が表示されます。そこで上位表示されたものを何件がクリックしていっても、「ぜんぶ同じページ」に見えてきたりしますので、結局は電話帳で探すという方法と何ら変わらない苦労を味わってしまうことになります。

ただ、通常の顧問契約とは別に、たとえ遠くに離れていても、スポット契約として、相続や贈与について専門の税理士に頼みたい――そのような場合には、丹念に探していけば効果的だと思います。

✓ 税理士紹介サイトに依頼するときのポイントは？

④のデメリットを補う方法として、最近注目されているのが、⑤のインターネットによる税理士の紹介サイトです。

第三者であるサイトの運営者が、依頼者と税理士を結びつけるのです。

よい点は、仲介者を通すために経営者が税理士に求めることを、聞きやすいということです。

たとえば「自社の業界に詳しい税理士を」という希望があっても、税理士本人と面と向かうと、そのようなことを聞くのは失礼かなと思いがちです。

紹介サイトであれば、サイトの運営者に「ＩＴ業界に詳しく、記帳だけでなく、税務会計全般のコンサルティングもお願いできる○○県在住の税理士をお願いします」というように細かく、しかも気兼ねせずに頼めるのがメリットとなります。

ただ、紹介会社にもピンからキリまであるため、紹介会社や紹介サイトを利用するときには、少し注意が必要です。

以下の点は、紹介会社や紹介サイトに口頭やメールで必ず確認しておきましょう。

●こちらの要望を詳しく聞いた上で、税理士を紹介してくれるか
●どのような優先順位で税理士を紹介してくれるのか
●紹介実績はどれくらいあるか

以上のことを聞き、さらに、社歴や経験年数も確認しましょう。お茶をにごすようなコメントが返ってくれば、その紹介会社は敬遠したほうがよいでしょう。

特に最近は、サイトを立ち上げる技術さえあれば、誰でも紹介サイトがつくれるようになってきたため、トラブルも少なからずあるように聞いています。

業界での経験年数をしっかり確認しましょう。

✓ もしも税理士とトラブルになったときは？

依頼人と税理士がいくら信頼し合っていても、トラブルが起こってしまうことはあります。

依頼人からすれば
「少しでも税金を安くしてほしくて、税理士を雇っているのに、あまり節税効果が感じられない」

という思いがぬぐいきれないものです。

税理士からすれば、あらゆる知識や経験を総動員して、もっとも適切な節税をしているのに、そんな税理士側の努力も知らずに、「節税効果が足りない」などと口にされると、カチンときてしまうときがあります。

私は、税理士とのトラブルは、基本的に〝話し合い〟で解決できると考えています。お互いの事情を〝腹を割って〟よく話し合えば、たいていのことは、納得のいく形で収まりがつくでしょう。

厄介なのは、税務業務での意見の違いです。

「この領収書は経費算入できるはずだ」

「いや、それをするなら○○という正しい税法上の決まりの場合もあるのでは？」

というように、経営者には経営方針が、税理士には税理士としての仕事へのプライドがあるため、話し合いだけでは解決できない場合があります。

次の項で詳しく述べますが、仮に税理士のほうに問題があれば、経営者は、いったん不満を腹のうちに飲み込んでおき、決算が終わってから、税理士の交替を検討することをお勧めします。もちろん、決算までに充分な時間があれば、決算期まで待たなくて結構です。

相続などに関することで意見が分かれた場合なら、その案件だけ、別の税理士に任せてもいいと思います。

明らかに、税理士がミスを犯したというケースもあります。

税理士が必要な手続きや税法上の特例などを失念し、依頼人がそのミスにより、本来払わなくていい多額の税金を支払ってしまったときなどです。

そのようなときは、話し合いや、税理士を替えるといったことだけで済む問題ではありませんので、損害賠償が請求できます。

たとえば、個人事業の創業とともに税理士に依頼したのに、青色申告の申請が遅れてしまい、赤字の3年、または5年の繰り越しが認められなくなったら経営者側としては一大事です。

弁護士に頼んで民事訴訟をしてもいいと思います。

用意のいい税理士は、そのような訴訟に負けたときを見越して、損害賠償を代わって支払ってくれる「税理士損害賠償保険」に入っている場合もあります。

いずれにせよ、訴訟へと発展するようなケースはまれですが、このようなことが自分の身に絶対起こらないとは言い切れません。

ふだんから、何事も税理士任せにせず、小さなことでも、連絡をしたり確認をとったりするなど、日頃のコミュニケーションがしっかりとしていれば、税理士ともめることは避けられるでしょう。

✓ 税理士と円満に別れる3つのセリフ

念には念を入れて選んだつもりの税理士でも、長年付き合ううちに相性が合わなくなってくることもあります。また、企業の成長に伴ってもう一段上のレベルの税理士が必要となることもあります。

すると、これまで付き合ってきた税理士と契約を解除することになりますが、別れ方にも気をつけたいポイントがあります。

まず大切なのは、当たり前のことですが、次の税理士を見つけてからにすることです。もし見つからない場合、決算時にたいへんなことになりますから、きちんと新しい税理士を見つけた上で、前の税理士を断るようにしましょう。

次に重要なのは、ケンカ別れしないことです。

税理士とケンカ別れしてしまうと、重要な資料が散逸してしまって、次の税理士への引き継ぎがうまくいかないことがあるからです。

〝感情〟よりも銭〝勘定〟ではないですが、なるべく穏便に別れたほうが、あとあと都合がよいと思います。話がこじれて本業に支障をきたすようではいけません。

別れる際には、なにも本当の理由を言う必要はありません。

次に挙げる3つの「決めセリフ」が効果的です。

「親戚が税理士として独立した」

「知り合いの税理士が共同出資してくれることになったので、顧問もお願いすることにした」

「大口取引先から同じ顧問税理士にしてほしいと言われた」

こうした言葉を使うことで税理士のプライドを傷つけることなくスムーズに別れられると思います。

このような〝別れるテクニック〟も重要ですが、もっとも大切なのは「これまで当社をサポートしてくださって本当にありがとうございました」という感謝の気持ちをもって、別れることです。

これは顧問契約うんぬんという話ではなく、人間対人間の礼儀やマナーの問題です。なんだかんだ言ってもお世話になったわけですから、そのような人に「砂をかけるような真似」だけは絶対にやめていただきたいと思います。

感謝を形で表してもかまいません。

たとえば、薄謝でいいので〝金一封〟を用意してもいいでしょう。

たいていの場合は、それで穏便に契約解除が成立すると思います。

ですが、何らかの理由により、いまお伝えしたような方法でもうまくいかないケースもあります。

そのようなときは、地元の税理士会に相談してみるのがいいかもしれません。

さすがに税理士会に対して、事を荒らげ、自分の仕事をやりにくくする税理士事務所は少ないと思います。

また、税理士会のような第三者に間に入ってもらうと、別れたあとの嫌がらせを間接的に抑えるという効果も期待できます。

新しい税理士を見つけた上で、できる限り穏便に、感謝を忘れず別れる――。

これが鉄則です。よく覚えておきましょう。

第5章

満足度アップ！
顧問税理士の活用法

いい税理士と出会ったら、それで「万事めでたく終了」ではありません。

実は、税理士と出会ってから、どのように付き合い、力を発揮してもらえるよう活用していくかが、会社にとって重要なのです。

なぜなら、あなたの税理士への接し方、活用の仕方ひとつで、いい税理士が悪い税理士になってしまう場合もありますし、逆に、あなたにとって〝ベター〟な税理士を、〝ベスト〟な税理士へと進化させることも可能だからです。

この章では、顧問税理士とうまく付き合い、活用していく具体的方法について、主に「決算カウンセリング」と「経営計画」を軸に説明していきます。

✓ 経理レベルに応じて活用しよう

自分が苦労して見つけ出し、会社の行く末をかけてお願いした顧問税理士には、全力で仕事にあたってほしいものです。

しかし、社長さんが「実際の業務にあたっては、私は素人なのですべて先生にお任せだ」というスタンスでは、これまでの税理士への対応と結局は変わりません。

月1回の指導時に、一方通行かつ講釈的な話し合いがあり、黙ってウンウン頷いておしまいとなってしまいます。それでは、新しい顧問税理士が「全力でやっているのかどうか」すら把握することはできないでしょう。

ここまで本書を読んできておわかりのように、税理士は「月次の帳簿をつけ、決算をし、税務署へ申告する」だけの画一的な存在ではありません。

会社のビジョンや成長度合いにより、あらゆる面で〝フレキシブル〟に対応してくれる、ひじょうに多面的な存在なのです。

しかし、税理士は医者などと違って、眼科・歯科・内科などと診療科目が分かれているわけではありません。

看板がないのですから、目が痛ければ自分のほうから「目を治してください」と訴えて、コミュニケーションをとらなければ、税理士の専門性や能力を引き出すことはできないのです。

もう一度31ページに戻って図をご覧ください。

まずは、会社の現在の状況を知ってもらい、顧問税理士とともに将来一緒に目指すレベルをどこに設定するのか考えていきましょう。

「申告時だけでよい」

「毎月、経理や税務の監査をしてもらいたい」

「経営計画の策定までコンサルティングしてもらいたい」

など、さまざまなケースが考えられます。

「税理士にすべてお任せ」でなく、こちらの現状をしっかりと伝え、目標設定をしていくコミュニケーションをとること――これがいい税理士活用の第一歩といえるでしょう。

✓ 会社の現状を理解する「決算カウンセリング」

前項で、いい税理士なら会社の成長度合いによって、取り組む業務を変えるという話をしましたが、会社の規模にかかわらず、税理士を活用するために、ぜひ皆さんに顧問税理士へお願いしていただきたいことがあります。

それは、決算カウンセリングです（税理士によっては決算診断と言う場合もあります）。

顧問税理士と一緒になって、毎年作成する貸借対照表や損益計算書――多くの中小企業では、これらの書類を税理士から手渡されたあと、恭《うやうや》しく頂戴し、会社の金庫などにしまって「もう二度と見ない」という経営者が多いようです。

ですが、よく考えてみてください。

せっかく高いお金を出してつくってもらった決算書が、これでは少しもったいなくはないでしょうか。決算書は企業にとっての〝埋蔵金のありかを見つける地図〟。税理士と一緒に丹念に読み込んでいけば、会社の強みと弱み、果てはこれから目指す方向性をあぶり出すことができます。

会計のプロである税理士からしてみれば、決算カウンセリングを行わずに企業経営をすることは、地図を見ずに目的地に向かおうとするのと同じです。

新規創業した10社のうち、9社が10年以内に潰れてしまうという厳しいビジネス社会で、会社を永続させたいと願うなら、いままで金庫に眠っていた決算書に対して、顧問税理士とともに真剣に向き合うことが必要です。

決算カウンセリングを税理士にお願いするとき、新たに準備するべきものは、何もありません。

金庫や引き出しの奥深くにある「過去数期分の決算書」、これだけです。

「昨年度のものだけで充分なのでは？」

と驚かれたでしょうか。しかし「目標への到達度を測り、会社の将来をなるべく正確に予測して現時点の問題点を見いだす」という点において、データが多すぎて困るということはありません。むしろ3期分、4期分あってもよいぐらいです。

決算書が用意できたら、税理士の先生に連絡し、「決算カウンセリングをお願いしたい」という旨を伝えてスケジュールを調整し、ヒアリングの日時を設定します。

この時点で「えっ、決算カウンセリングって何ですか？」と反対に聞かれるようでは、その先生は黄信号。税理士としての基礎知識を持ち合わせていないということになります。そのような時には、巻末に掲載の税理士さんに確認するか、弊社までお問い合わせください。

決算カウンセリングでは、現状の問題点や将来の方向性などを導き出します。

近年の会社経営の大きなポイントは「キャッシュに行き詰まる」という点です。

こうしたことを念頭に置いて、過去の決算書と直近の決算書を基に経営分析を行っていきます。

税理士によっては、使用している会計ソフトのメーカーによって、若干手法が異なるケースもありますが、経営データから見えてくるポイントは、以下の内容です。

①効率よく儲けているか
②返済能力に問題がないか
③潰れないか
④安定的に儲けているか
⑤人件費負担に問題がないか

このような点について、税理士は事前に経営者の考え方も聞き、どこに問題があるのか、また、何を改善すればよいのか、客観的な数値と比較して状況を説明・確認します。

そしてこれらから、会社の「収益性」「資金性」「安全性」「安定性」「生産性」を評価していきます。

専門用語で述べると、「総資本経常利益率」「流動比率」「自己資本比率」「安全余裕率」「労働分配率」ということになりますが、このような指標から客観的な会社の現状をプロの目でみて、解説をしてくれますので、数字に弱い経営者でも、会社の現状や問題点が理解できるようになります。

あるいは、左ページのようなストラック図表などもわかりやすいので、こうした図表を同時に作成してもらうと便利かもしれません。

これは、売上高に占める変動費、固定費、経営利益、限界利益の各割合を図で示すことで、会社の収益構造を理解するためのものです。

提出した4期分のストラック図表を時系列に並べると、「自分の会社は利益がでやすい方向に動いているのか。それともでにくい方向に動いているのか」が一目瞭然で

ストラック図表からわかる会社の利益

理想の会社

①固定費＜限界利益

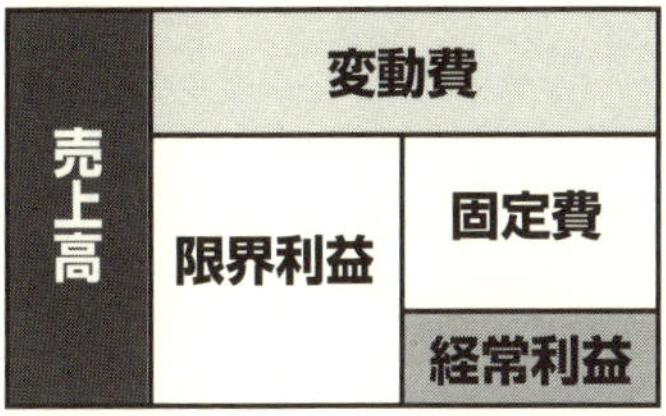

限界利益が固定費を上回っている状態。

会社は黒字である。

微妙な会社

②固定費＝限界利益

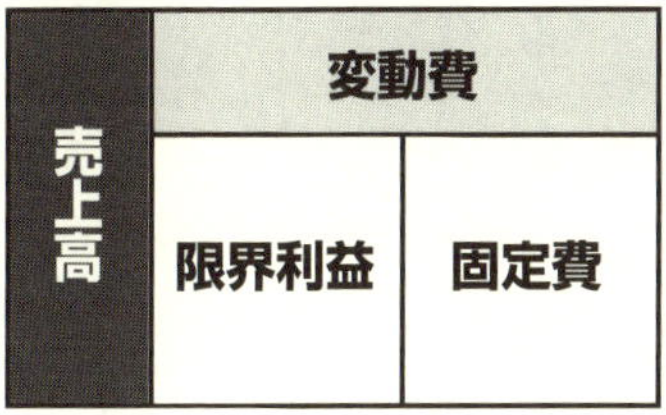

限界利益が固定費と同じ状態。
会社はストラック図表上、利益がゼロであり、

黒字でも赤字でもない状態。

要注意の会社

③固定費＞限界利益

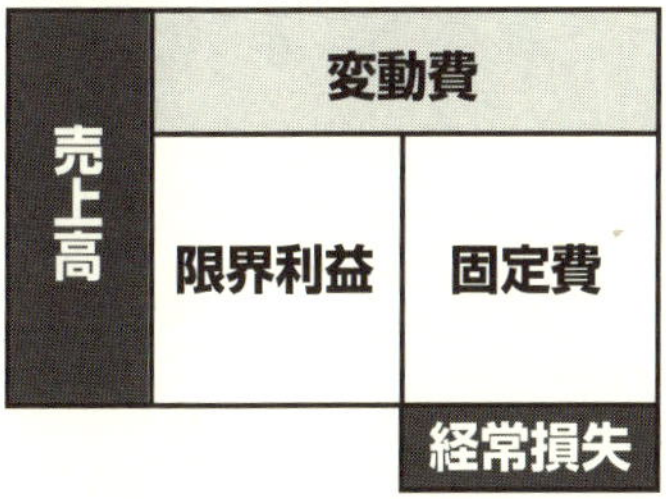

限界利益が固定費を下回っている状態。
利益が固定費をまかないきれず、

会社は赤字の状態。

➡「変動費＋固定費」が売上を上回ると赤字会社になる

わかります。

「変動費＋固定費」が売上を上回っていると赤字会社です。

赤字会社であれば、税理士と相談して、変動費が多ければ、仕入か外注加工費の見直しから、固定費が多ければまず人件費の見直しからはじめてみましょう。

最後は、コンサルティングです。カウンセリングの結果から、翌期以降のシミュレーションを行い、継続的な黒字経営へのビジョンを描くのです。ビジョンを描いていくには、157ページで後述するように経営計画が必要です。

端的にいえば、会社の現状を理解することを決算カウンセリング、会社の未来のためにビジョンを描くことが経営計画となります。

なお、こうしたコンサルティングは、別途費用が必要になるのが一般的ですので、顧問税理士にいくらかかるのか確認してから依頼してください。

✓ 経理担当者のレベルアップをしてもらおう

第2章の「記帳代行する・自社でやる」の項目でもふれましたが、税理士の活用法の第1段階は、会社の経理業務へのアドバイスをもらうことです。

自社の経理部の現在の状況を、プロの目でチェックしてもらいましょう。

このような依頼をして、断る税理士はまずいません。「信頼されている」と感じ、喜んで引き受けてくれるはずです。もちろん、作業量によっては、別途費用がかかる場合もあります。

会社の社長という立場にいる人で、経理が得意という人は数えるほどしかいません。そのためほとんどの経営者は、経理に関してノータッチになり、営業や開発部門に対しては的確な指示をだせても、経理に関しては正しいかどうかの判断すらくだせずにいるのです。

しかしよく観察してみると、さして必要もない伝票の書き写しに膨大な時間を費やしていたり、2人で済むような仕事に4人も従事していたりという深刻なムダが見つかることがほとんどです。

新しい顧問税理士には、まず自社の経理部をじっくりと時間をかけて調査してもらいましょう。

ちなみに、経理部の責任者には、税理士の質問にはあるがままに答え、必要な資料の提出は惜しまないように指示をしておきます。

そして、作業のムダや余剰人員がでていないかどうかを丹念にチェックしてもらい、アドバイスをもらうようにします。

場合によっては経理システムの全般的な見直しを考えてもいいと思います。

最終的には、会社の経理は〝自計化〟を目指さなければならないからです。

自計化とは、税理士が使う業界用語で、税理士に記帳代行をお願いしないで、自社で会計・経理業務すべてを行えるようになることです。

このシステムは上場企業では１００％実現されており、企業の成長度の目安ともいえるものです。

たしかにソフト・ハードを含めてある程度の設備投資がいりますが、会社の経理マンが、自分でつねに正しい勘定科目に仕分けできるようになるなど、会社にとって無視できないメリットがあります。

具体的には会計ソフトの導入がスタートとなります。ここで注意していただきたいのは、「自計化＝会計ソフトの導入」ではないということです。会計ソフトにもさまざまな種類があり、どれを選ぶのがベストなのかは業務形態によって異なります。税理士のアドバイスをもらいながら、慎重に選択するようにしましょう。

ただ、「チェックをしてもらう」というだけで、これだけの効果が見込めるのです。さっそく経理部に顧問税理士を招き、会社のレベルアップに役立てましょう。

✓ 成長・発展を目指すなら「管理会計」の導入を

前項で述べた自計化の最大のメリットは、リアルタイムで自社の業績を知ることができるという点です。

たとえ何か問題が発生しても、早期に気づくことが可能になるので、ムダのない対処ができるようになります。

また、自計化が進むと、必然的に経理スタッフや会社幹部がレベルアップするため、数字による企業戦略の立案と「管理会計」が可能になります。

　管理会計とは、会社幹部が経営に関するさまざまな意思決定する際に用いることができる会計情報・データのことです。身近な例を挙げるとコンビニやスーパーなどのレジに備わっているPOSがこれに当たります。

　POSでは、誰が（性別や年齢）、いつ、何を、どれぐらいの量を、どんな天気のときに買ったのかが、瞬時に離れた場所で把握できるため、「今日は、○○商品が100個売れた。明日は90個でいいかと思っていたが、100個で大丈夫だろう」というように、販売戦略にスピーディーにいかすことができます。管理会計のデータは、経営の判断材料となるひじょうに重要なものなのです。

　一方、この管理会計と対をなす概念を「制度会計」といいます。

　制度会計のデータとは、端的にいえば、その企業がいくら税金を納めなくてはならないかを計算するためにつくられたもの（財務諸表など）です。会計上の処理だけを目的としているため、よほどの専門家でも、制度会計のデータだけをもとに経営戦略を立てることは不可能だと思います。

たとえば、ある企業が粉飾決算をして、対外的に会社を一時的に「よく見せかける」データを作成したとします。

このデータを見て、会社がかかえる本当の問題を洗い出し、経営にいかすことはできるでしょうか。

粉飾した決済書は極端な例だとしても、通常の財務諸表などは、株主への配当金をだすためであったり、税金を払うためにつくられたものであるため、本質的に、経営状態を改善し企業の成長発展を目指すデータとしては不十分です。

また、第2章で、お客様へのダイレクトメールの金額を「通信費」に入れていたケースを紹介しました。この会社の経営会議で、ある経営幹部が次のように言ったとします。

「通信費が今年は高いようだ。来年は、減らすよう努力してください」

この対応は、果たして正しいと言えるでしょうか。

実際には、通信費で処理して、申告したとしてもたいした問題にならないでしょう。しかし、経営上このお金が本来何の目的で使われたかを把握していなければ、正しい経営判断はできません。

このように会社の現状を知り、未来を正しく考えるためには、制度会計だけでは不十分です。早期に管理会計を導入されることをおすすめします。

管理会計は「社内で経営分析をする際に役立つか」ということに基準が置かれているため、企業経営に直接役立ちます。役所に提出する必要がないため、細部にこだわらず自由度が高いデータを作成することもできます。

実務上は、経営上わかりやすい勘定科目で処理（管理会計）しておき、決算申告のときに決算修正をすることで、申告用決算書（制度会計）に変えるという方法が一般的です。

さらに、社内の各プロジェクトの個別の成果をはかるのにも、管理会計は便利です。プロジェクトの終わりは「成果がでたか失敗したとき」であり、必ずしも年度で区切りがつくというわけではありません。この成否を図るにあたって、管理会計の自由度の高さが大きな効力を発揮するのです。

規模の小さな会社は、税理士の指導のもと、まずは自計化をおし進め、管理会計のデータが作成できることを目標としてください。

税理士をうまく活用すれば、会社の経営が変わってくるのです。

経営計画をつくろう①　利益計画と行動計画をつくる

たとえば、あなたが1年後に100万円の車をキャッシュで買うとします。これを実現するには、年収から1年間の生活費を差し引いて、手元に100万円、残す必要があります。これを式で表すと

100万円＝年収－生活費

となるので、生活費が年間250万円だとすると、年収は350万円以上必要であることがわかります。

実は、この例の中に「経営計画」の基本的な考え方がすべて入っています。

ふつう経営計画を立てると言えば、ほとんどの経営者が「売上」目標を真っ先に考

えます。「今年の売上は10億円突破だ」というようにです。しかし、それでは目標を達成することは難しいでしょう。

では先ほどの式のように、１００万円という利益を先に決めてから、売上目標を定めるとどうでしょうか。利益をいくらだすかがあらかじめ数値としてでているので、その利益額に経費をプラスして売上目標を決めていく、という現実的な計画を立てることができます。このように、本当に目標を達成したいのなら、「経営計画は〝利益計画〟から」が正しい順序なのです。

先述したように、経営計画の前提となるのは、決算カウンセリングです。経営計画を立てる際、未来の達成可能な利益と経費の金額を計算するには、決算書の各数字を税理士とともに詳細に検討していく必要があります。

会社の経営計画だから、社長と社員だけでつくることができると考えるかもしれません。もちろん、会社経営の主役は、社長と社員であることは疑いようのない事実です。しかし、経営計画は前期の実績をみながらつくるものであり、決算書をみると、多くの複雑な数字がでてきます。

また、社長と社員だけで考えた「経営計画」は、会社への思い入れや理想へのイメージがあるため、どうしても数字を曖昧にしてしまいがちで、ともすれば「経営に大切なのは、数字ではない。仕事への〝夢〟だ」という抽象論に陥ってしまう危険性もはらんでいます。

このときに重要なのが、顧問税理士の視点です。

税理士は社外の人間であるため、「利益計画に基づいた経営計画」を客観的にアドバイスしてくれます。

税理士を活用すれば、社長や社員がもっている会社への「夢」に、日付と金額を入れることができます。目標を達成する期限と数値を明確に決めることで、その間に何をやるべきかという「行動計画」も明らかになってくるのです。

このように、経営計画とは、利益計画と行動計画の両方を決めなければならないということがおわかりいただけるかと思います。

✓ 経営計画をつくろう②　固定費削減のヒントをもらう

次ページの表は、日産自動車の1998年度から2002年度の決算書です。マイナス684億の赤字をだしていた、日産がどのようにして黒字転換をしたのかがわかります。

この表の中の、「売上高」「売上原価」「販売費及び一般管理費」「当期純利益」に注目してください。

ヒントは2000年度に、ほとんど売上が伸びていないのに、当期純利益が3000億円もでていることです。

コストカッターと言われた、カルロス・ゴーン氏が、日産の最高責任者になったのは1999年です。

ゴーン氏は何から手をつけたのでしょうか。

162ページの損益分岐図表を見ながら、解説していきましょう。

ゴーン氏は何をカットした？

連結損益計算書

ゴーン氏就任

日産自動車株式会社

百万円

科目	98年度(10/4〜11/3)	99年度(11/4〜12/3)	00年度(12/4〜13/3)	01年度(13/4〜14/3)	02年度(14/4〜15/3)
売上高	6,580,001	5,977,075	6,089,620	6,196,241	6,828,588
売上原価	4,921,619	4,570,243	4,634,039	4,547,314	4,872,324
割賦販売利益調整高	197	2,010	259	788	-
売上総利益	1,658,579	1,408,842	1,455,840	1,649,715	1,956,264
販売費及び一般管理費	1,548,857	1,326,227	1,165,526	1,160,500	1,219,034
営業利益	109,722	82,565	290,314	489,215	737,230
営業外収益	116,302	61,907	88,664	27,267	60,770
受取利息及び配当金	19,328	13,415	11,139	13,837	8,520
その他営業外収益	96,974	48,492	77,525	13,430	52,250
営業外費用	201,561	146,114	96,669	101,738	87,931
支払利息	102,920	73,979	42,241	34,267	25,060
その他の営業外費用	98,641	72,135	54,428	67,471	62,871
経常利益	24,463	△1,642	282,309	414,744	710,069
特別利益	30,407	38,622	88,164	67,100	89,243
特別損失	55,400	749,634	80,775	117,628	104,688
(年金過去勤務費用償却額)	(0)	(25,786)	(-)	(-)	(-)
(事業構造改革特別損失)	(0)	(232,692)	(-)	(-)	(-)
(製品保証引当金繰入額)	(0)	(48,493)	(-)	(-)	(-)
(その他の特別損失)	(55,400)	(192,573)	(80,775)	(117,628)	(104,688)
税金等調整前当期純利益	△530	△712,654	289,698	364,216	694,624
法人税、住民税及び事業税	26,086	9,914	△62,532	△14,702	198,698
少数株主利益	1,098	△38,205	21,255	6,656	761
当期純利益	△27,714	△684,363	331,075	372,262	495,165

ゴーン氏は何をやった？

①固定費を下げた

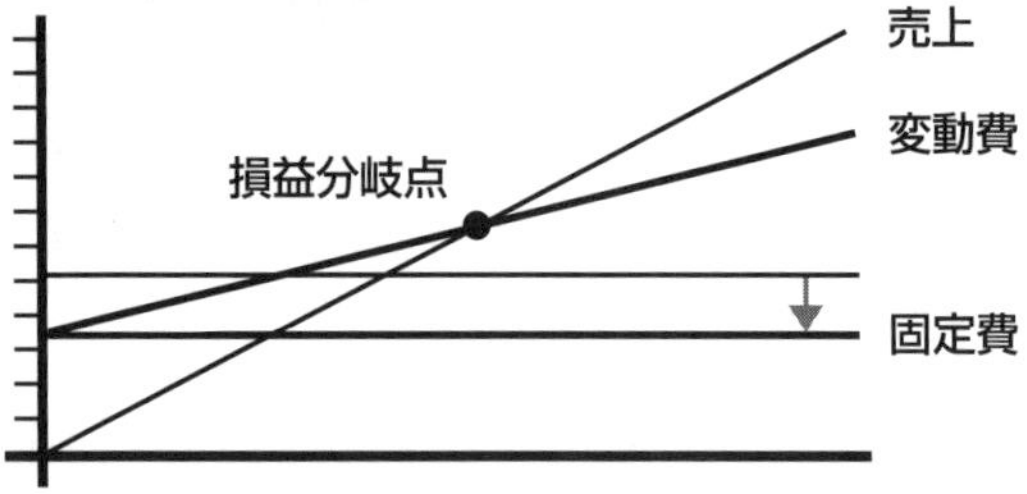

②変動費を下げた

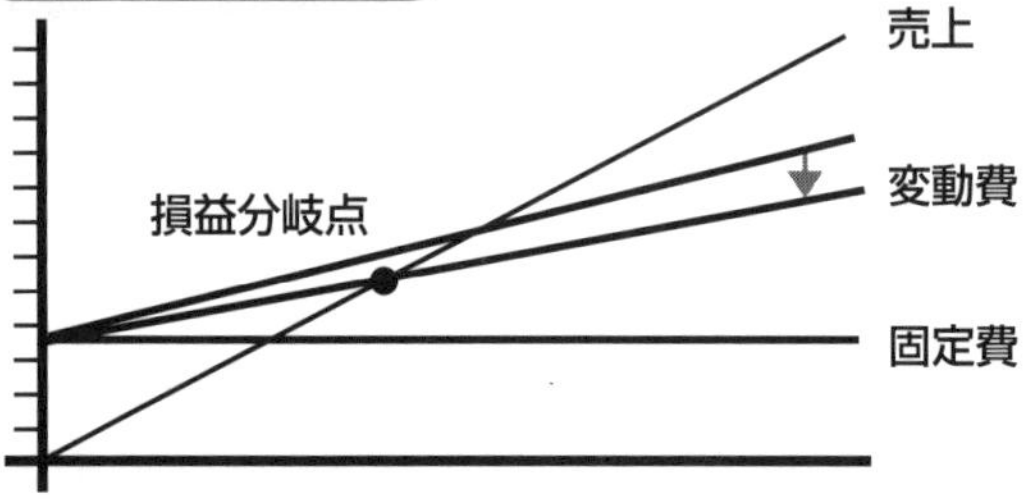

③売上を上げた

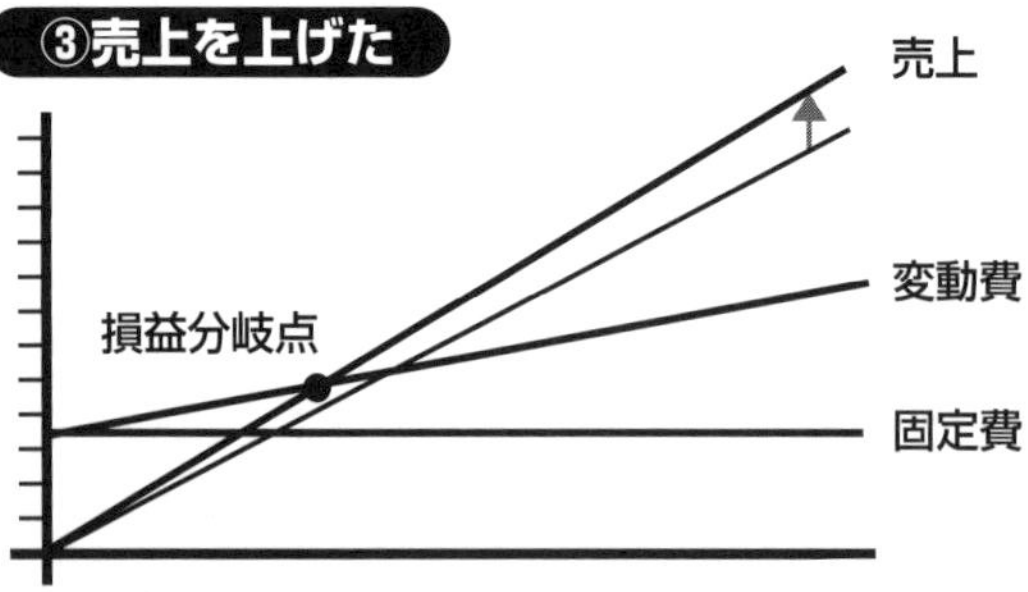

携帯サイトで損益分岐点
図表をわかりやすく説明
しています。

損益分岐図表とは、損益分岐点、つまりどこからが儲けになるかを表す図で、経費と売上がイコールになるポイントです。損益ゼロポイントですから、そのポイントさえ超えれば、そこから大きく利益が生まれるわけですが、どうしても並みの経営者は、売上にばかり着目しがちになり、社員に向かって「売上をもっと上げろ！　売上をもっと上げろ！」とこぶしを振り上げがちですが、ゴーン氏は、次の手順で日産を回復させました。

①自己改善／固定費の削減
　販売管理費及び一般管理費を改善し、３３００億円の利益

②他人改善／変動費の削減
　売上原価を改善し、３７００億円の利益

③売上改善／売上の改善

売上を改善し、4900億円の利益

損益分岐図表でも、この手順がよくわかります。

売上を上げるのは、社長の方針にかかってきますが、自己改善、つまり固定費の削減は税理士というプロの目を入れれば、かなりの改善効果が見込まれます。10年、20年の歴史のある会社は、特にこうした点を税理士に相談してみてください。

✓ 経営計画をつくろう③　資金繰り対策をともに考える

経営計画は、社長と社員だけが夢を語り作成するのではなく、税理士が加わり、夢に日付と金額を入れていく共同作業です。

次ページの表をご覧ください。

アックスコンサルティングが企業を対象に「会計事務所に関するアンケート調査」を実施し、そこで「会計事務所にお願いしたいサービス」について答えてもらった結

経営者が税理士に望んでいるサービスとは

Q「会計事務所にお願いしたいサービスをお聞かせください」（複数回答可）

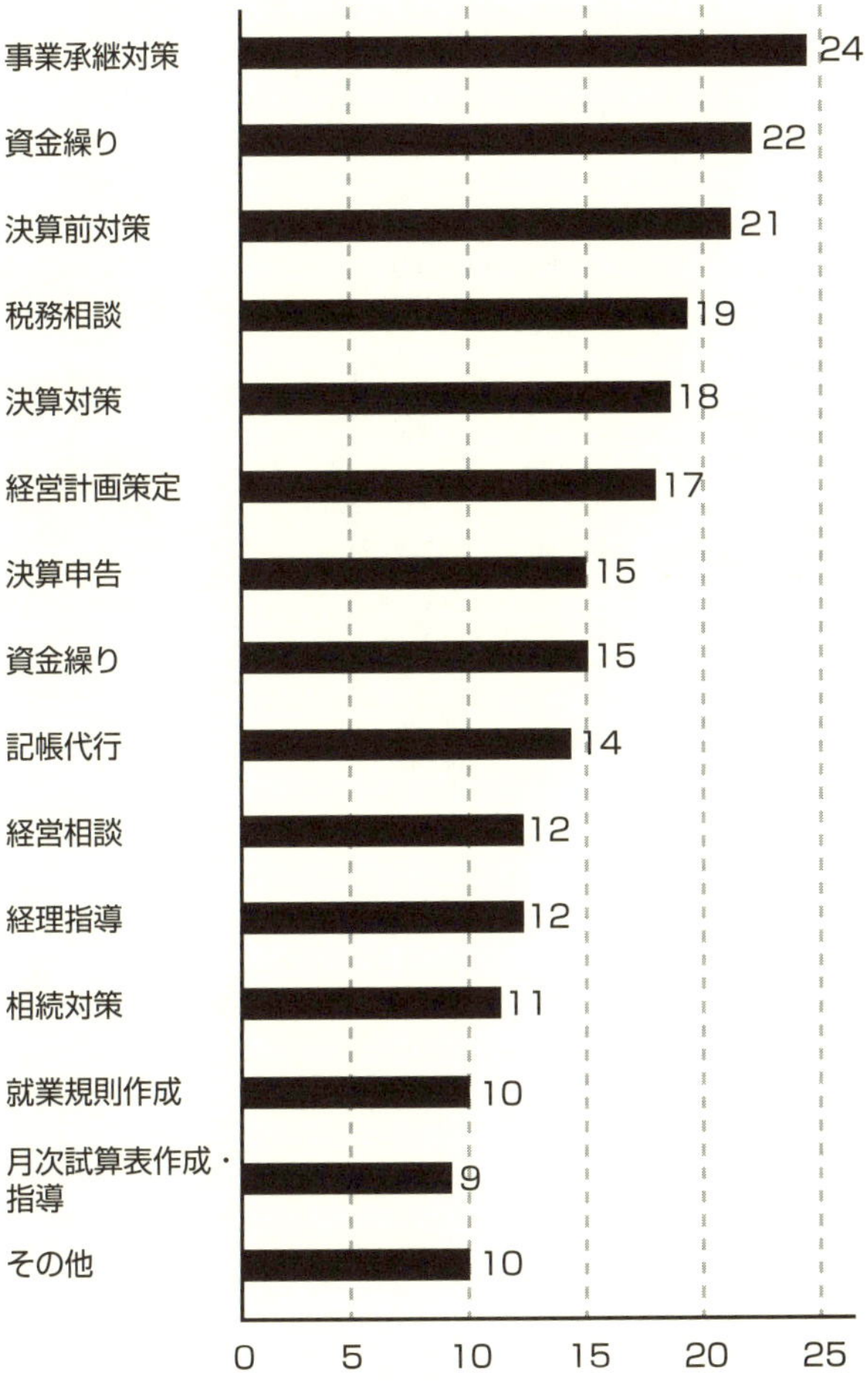

出所：アックスコンサルティング

果です。6番目に「経営計画策定」とあるように、たいへん多くの経営者が税理士とともに経営計画をつくってみたいと考えています。

ほかの項目をみても、経営者が税理士に望んでいることがよくわかります。たとえば、2番目に「資金繰り」とありますが、実は資金繰りは経営計画と密接に関係しているポイントです。

経営計画をつくって、目標通り利益がだせると、資金繰りがよくなる——。ですがそれは1年先の話で、中小企業の経営者の方は、そこまで悠長に待っていられません。

一方で、経営計画をつくって、そのまま銀行にもって行くと、これまでお金を貸してくれなかった銀行が融資を決定してくれる確率も高まります。

融資担当者に「社長の夢」をいくら熱く語ったところで、お金を貸してくれませんが、経営計画書があると話は別です。

まず、「こんな詳細な経営計画を策定するとは、しっかりした会社だな」という印象を与えられます。

その後、担当者はおそらく経営計画書の内容について、次々と質問をしてくるでしょう。

社長が1項目1項目を、社員と税理士とで相談し、つくり上げた計画書ですから、どこを質問されてもはっきりした受け答えができ、融資担当者はその応対を見て、「この企業なら融資を決めて大丈夫だ」と確信を深めるのです。

このように、経営計画書の策定は将来に対する目標設定ができるだけでなく、銀行対策にもなるということを覚えておいてください。

「経営計画の策定を頼むと、それなりの費用がかかるのではないだろうか」と心配される方もいらっしゃると思います。

たしかに安い金額ではありませんが、将来の会社の目標がみえ、資金繰りの目処が立つ、しかるべき額の投資です。

それに、払うものを払えば、今度は経営者であるあなたが税理士を活用する番です。わからないことはどんどん質問して、要望があればそれを伝えて、金額に見合うだけ税理士を活用していけばいいのです。

安い金額で税理士を雇い記帳だけをさせておくのか、それとも一定以上の金額を払い、決算カウンセリング、経営計画と進み、税理士をどんどん活用して会社を発展させていくのか、それを決めるのは、読者である皆様次第です。

なお、経営計画について、さらに詳しく勉強してみたい方は拙著『経営計画　もっと儲かる経営計画のつくり方』（あさ出版）に詳細に書いてあります。また、先述の決算カウンセリングの5つのポイント（147ページ）に関する計算式も載せてあります。ぜひ参照されてみてください。

✓ 経費削減のための12のポイント

不況の昨今、経費削減は国内外問わずすべての企業が切実に取り組んでいるテーマです。冷暖房の温度をゆるやかに設定する、消灯をこまめにおこなうなど、地道な取り組みを進めている企業は多いと思いますが、それだけでは経営状態の劇的な変化は見込めません。

経費削減が失敗に終わるとき、その原因はどこにあるのでしょうか。この章でも多くの例を挙げてきたように、その大半は現状をよく把握せず、本来必要な経費を削ろうとしたり、削減すべきものが残っていたりと、さまざまな対策が空回りしていることが原因ではないかと思います。

ここでも税理士の出番です。

決算カウンセリングを行ってもらったり、経営計画作成のアドバイスをしてもらう方法について述べてきましたが、実はその際のデータをよく分析すれば、「攻めの経費」「守りの経費」が明らかとなり、大幅な経費削減が見込めるのです。

自社の経営の状態は次に挙げる12項目をみれば確認できます。順に解説していきましょう。

①預借率

借入金・割引手形に対する現金預金の割合です。会社の経営状態からして借入金が多すぎると、返済できずに経営が破綻してしまう可能性があるため、他の項目で経費を削減したり、現状では借入を減らすなどの対応が必要です。

②売掛金の回収日数

1日の売上高に対する期末の売掛金残高の割合です。売掛金の回収に必要以上の時間がかかっていれば、資金的な負担が増えるばかりか、これが長期化すると不良債権化することも考えられます。

③在庫日数

1日の売上高に対する期末の在庫額の割合です。在庫日数が長くなればなるほど経営が悪化するのは周知の事実です。早期の改善が必要です。

④借入金対売上高比率

売上高に対する借入金の比率です。これも①と同じく、借入金の金額が適正かどうかを判断します。

⑤損益分岐点売上高

販売や管理にかけたお金を取り戻すのに最低限必要な売上高を知り、目標とします。

⑥現金預金余裕月

1カ月の販売費及び一般管理費に対する現金の手許有高の比率を表します。

⑦限界利益

売上総利益が売上全体に占める比率です。これにより、1つの項目に経費をかけすぎていないか、経営が健全かどうかを判断します。

⑧1人あたりの月間労働者人件費

人件費が多すぎると、固定費の増加や売上総利益の圧縮につながります。

⑨人件費あたりの限界利益

限界利益を稼ぐのにどれくらいの人件費がかかっているかをみる指標です。

⑩役員給与推移

役員給与が増えているのか、減っているのか。きちんと払われているのか、未払いになっているのか把握しておくようにします。

⑪仮払金推移

通常、会計処理後に仮払金が残っているというのは不自然です。もしこれがあればその税理士・会計事務所の処理能力自体に疑問符がつきます。早急に内容を究明し、必要であれば税理士を変更しましょう。

⑫貸付金推移

誰に貸しているのか、返済の見込みがあるのかどうかを定期的に確認します。回収の見込みがない場合は、税理士に相談してしかるべき対応をとりましょう。

これらの項目を見直すことで、経営の現状を正しく認識することができ、削減すべきところ（守り）と、多少無理をしてでも経費をかけなければならないところ（攻め）の区別がはっきりします。

この決算書の項目の見直しに加え、もっと大きな枠で変動費や固定費が占める割合を見ることも必要です。

このときに有用なのが、１４９ページで紹介した「ストラック図表」です。ストラック図表を作成すると、変動費・固定費・限界利益・売上高のバランスが一目でわかり、いま会社が赤字か黒字か、どこを見直せば黒字にもっていくことができるかが明らかになります。

理想は、変動費・固定費がともに少なく、利益がしっかりと確保できている状態です。変動費や固定費が増え、このバランスが崩れると、会社は赤字に陥り、経営を継続していくことが難しい状態になってしまいます。

中小企業の場合、固定費が多くなる理由としては人件費の増加、変動費が多くなる理由としては仕入や外注加工費の増加が挙げられます。

このように適切な経費削減は、きちんとした経営状態の分析の上にしか成り立ちません。顧問税理士に相談し、経営者や社員が納得した形で行うようにしましょう。

✓ 保険を活用した税金対策もある

経費削減の具体的な方法として、保険の活用を一例として挙げておきます。
起業したときから役員が退職したときのことや、事業が失敗したときのことを考えているという経営者はまずいないでしょう。しかし、役員の退職日はいつか必ず訪れますし、事業が失敗する可能性もないわけではありません。まず、役員が退職した場合について考えてみましょう。役員の退職金は通常、次のように計算します。

役員退職金＝最終報酬月額×役員在任年数×功績倍率

たとえば、役員を20年務め退職したとき、月給40万円だったとします。

その役職に対して決められた功績倍率が2倍であるとすると、その役員の退職金は1600万円(40万円×20年×2倍)にもなります。

日々の資金繰りにも窮するような中小企業にとって、いくら会社経営に貢献してきた役員だからといっても、いきなり1600万円のキャッシュを簡単に用意することは難しいと思います。

無理をして支払ったとしても、とたんに資金繰りが苦しくなり、経営状態が急激に悪化するのは目に見えています。

そこで顧問税理士は、いざというときにあわてることのないよう、将来の退職金の支払いに備えて積み立てをすることを顧問先企業の皆様におすすめします。

しかし、これですべて解決、といかないのが難しいところです。

資金を貯めておくことは可能でも、将来の退職金の支払のための見込み額を会計上費用計上することは、税務上経費として認められていないからです。

そうなると、毎期通常より多くの利益を出して、その分の資金を捻出しなければなりません。

このようなときに役に立つのが、保険です。

たとえば、長期平準定期のような保険を役員にかけ、退職予定の時期にもっとも多くの解約返戻金が支払われるように設定します。この場合「100歳満了」といった終身保険のような、長期の定期保険がよいでしょう。解約したときに支払われる額が大きいうえに、支払う保険料の2分の1が経費として認められるので、積み立てしながら節税でき、一石二鳥です。

他にも養老保険や終身保険などいろいろな種類がありますが、注意していただきたいのは、これらの保険料の損金への算入は全額できないことなど、付帯条件が多く、税務調査のときに、税務署が損金算入について認めないケースがあとを立たないことです。

細かいところで、税務署から口出しをされないためにも、税理士とよく打ち合わせをして、詳しく説明を求めるようにしておいてください。

第6章

ここが狙われる！
税務調査の傾向と対策

✓ なぜ社長は税務調査を不安に感じるのか

税務調査――。

経営者なら誰もがネガティブなイメージをいだく言葉です。

やましいことをせず、日々、正しい帳面付けをし、申告をしている人でも、何となく不安になったりします。

「あることないこと関係のないことまで、根掘り葉掘り調べられるのではないか」

「払う必要のない税金をもっていかれるのではないか」

「調査中、会社の仕事がストップしてしまうのではないか」

不安の内容はさまざまだと思いますが、実際は心配したり不安になったりすることはまったくありません。

税務署から調査官が来ても、社長が対面しなければならないのは、1~2時間です。あとは経理担当者に任せておけばよいでしょう。その1~2時間さえ泰然自若にかまえていれば、それで社長の仕事は終わりです。

このように申し上げても、「自分の会社は個人会社だから、税務署の相手は四六時中社長本人がしなければならない。だからやっぱり不安だ」という人もいるでしょう。

私はその不安には2種類あると思っています。

1つ目は、税理士がいなくて、自分1人で対処しなければならなかった過去の経験からくるものです。ときには法律の専門知識をふりかざし威圧的に、ときには世間話をしながら人情味をみせて優しくしてみたり……。アメとムチを使い分けながら、調査先を〃落としていく〃手法に参らされた不安だと思います。

この不安感というのは、より詳しく言えば、守ってくれる人がいなかった不安です。税理士を雇う小金惜しさに自分で申告をしてしまい、当然、税務署からすれば間違いだらけな申告書だったわけです。こんな経験があれば、誰でも不安になって当然だと思います。

2つ目は、税理士がいるのにもかかわらず、守ってくれなかったという「税理士不信」からくる不安です。

高い顧問料を毎月支払い、税理士の言った通りの記帳を心がけ、決算料を払って税理士につくってもらい「これで間違いない」と信用した申告書にミスがあったり、税務調査が来るから先生お願いしますと、日当と出張まで支払って呼んだのに、調査官から「この領収書は消耗品として認められません」と言われた瞬間「そうですよ、社長。この領収書はちょっと無理がありますね」などと、いきなり税務署の肩をもつような発言をされたら、「信じていた親に裏切られた子ども」のような不信感をもって当然です。

そうなると、その〃子ども〃はグレるしかありません。

「もう税理士は、金輪際信用しない」

「どうせ信用できないなら、できるだけ安い税理士がイイ」

など、間違った税理士観を形成してしまう社長が多いようです。

しかし、ふてくされていても会社を成長させることはできません。前向きに不安を解消することが大切です。そう難しいことではありません。どちらの不安も「信頼できる税理士を雇う」ということで解消されるのです。

「会社をいまよりよくしたい」と思い立ったら、さっそくパートナーとなる優秀な税理士探しを始めましょう。

✓ "戦う税理士"がいれば税務調査は怖くない

では、どんな税理士を見つければ税務調査に対して、いらぬ不安を覚えなくなるのでしょうか。

それは、繰り返しお話ししているように、戦う税理士です。

税務調査官の無理難題に対して、社長の味方になり、誤解をおそれずに言えば「徹底的にケンカ」してくれる税理士です。

ケンカといっても、実際に税務調査官と殴り合ってもらうために雇うのではありません。本当に手をだすのは子どものケンカです。雇う側として、大人のケンカを期待して、税理士を雇うべきなのです。

大人のケンカとは、法律を駆使したものです。

『ナニワ金融道』『ミナミの帝王』などの人気漫画がありますが、これらは法律を駆使して戦う大人のケンカだからこそ、そこに痛快さがうまれ、人気があるのだと思います。

税理士というのは、税法の専門家ですが、同じ法律家に弁護士がいます。

戦う弁護士というのはよく聞きますが、戦う税理士というのはほとんど聞きません。

これにも理由があります。弁護士はいったん下野すると、もう裁判官や検察にはなることがありません。ですから本人たちに〝妙な下心〟〝出世欲〟がないため、徹底的に戦ってくれるのです。

それに対して税理士は、地元税理士会の中の役職や、税務署ににらまれないようないい顔をしていたいという欲があるので、なかなか戦ってくれる税理士がいないという話も聞きます。

こんな裏話をすると、「戦う税理士ってほんとうにいるのか」という気になったかもしれませんが、ご安心ください。

これまで税理士は全国で約7万名、約2000法人いるといわれ、数が限られていましたが、これからは全国に会計専門職大学院（アカウンティングスクール）から卒業生が続々でてきます。また、法科大学院の卒業生も弁護士となり、登録すれば税理士として開業が可能なことを考えると、数年以内に、1万5000人以上の税理士が誕生することになります。

これを見越して、税理士業界はすでに過当競争時代に突入しており、「税務署にいい顔をするよりも、顧問先の獲得が大切だ。この過当競争時代を顧客満足によって、生き抜いていこう」と考える税理士が多くなってきているのです。

これからは戦う税理士を雇える時代が来た——ともいえるでしょう。

戦う税理士にとっての税務調査は、単に報酬を得るためだけの場ではありません。税務調査は、依頼主の信頼をつかむチャンスであり、自己ＰＲをする貴重な発表の場なのです。

そして、社長からの信頼を勝ち取れば、その評判が周囲にも広まり、結果的に事務所の評価を高めることへつながるととらえているのです。

「税務署とつながりのある税理士なら、ムダな戦いをせず成果をだせるのではないか」

とお考えの方もいるかもしれません。

たしかに税務署に顔がきくというのは大きな利点であり、昔から税務調査対策として税務署出身のＯＢ税理士と顧問契約をする経営者も多くいました。辞めたのが数年前ぐらいまでであれば、やって来る調査官の得意分野などを知っていますし、最近の税務調査の傾向、たとえば「今期は、売掛金の貸し倒れや、棚卸しの評価方法について詳しく税務署が調べている」といった情報から、事前に対策ができるという安心感も売りの1つになっています。

しかし、いまとなってはそういった税理士の存在を税務署も重々把握していますし、それでなくても「税務調査時のみＯＢ税理士とスポットで契約」というのは少々無理がある考え方です。

税務調査時に税理士の能力を最大限に発揮するには、常日頃の記帳や月次申告からすべての内容を把握してもらう必要があります。やはり顧問契約しておくのが無難です。

✓ 税務調査ではここに注意！

税務署の調査官は、どのくらいの頻度で来るのでしょうか。

コンスタントに黒字を出している企業なら、通常は3～5年に1度。もっとも、10年間1度も調査に来ない企業もあれば、3年を経ずして調査が来ることもあります。

「今年は来なかった！」といって安心してはいられません。

なぜなら、調査官は税務署内で手分けして、法人の場合はほとんど100％、決算書を手分けしてチェックしています。

チェック時に「この企業はなんとなくグレーだな」と思っていても、「完全にクロ」と判断された企業があれば、そちらが優先されるのは当然のことなので、クロのほうの税務調査が済み次第、何カ月後か何年後かはわかりませんが、グレーの企業にも必ず調査官がやってくるのです。

実は、シロ以外のグレーやクロと判断する、一定の基準を税務署はもっているようで、この時点での調査を事前調査といいます（事前調査＋実地調査＋反面調査をまとめて税務調査と言います）。

事前調査では、まず、3年間ほどの売上と経費の伸び率が比較されます。たとえば、売上が20％ずつ伸びているのに、経費は30％ずつ伸びているとなれば「経費の水増しではないか⁉」と疑われます。

また、それだけでは単に広告宣伝費、設備投資などにお金をかけただけのことかもしれませんので、同じ地域の同業他社を数社ピックアップして、会社同士の数字を比較します。それで平均的な売上の伸びや、経費の割合の数字を出して、グレーやクロと判断した企業がそこから大幅にはみ出していないかをチェックしているのです。

税務署内の事前調査が終われば、店主に知らせずに、実際に店舗を見に行く場合があります。

飲食業などでは、レジ横などに座り、誰がレジを打っているのか、領収書をお客さんに渡しているか、別の帳簿類に書き込んだりしていないか、などをチェックしていますので、注意してください（ちなみに、聞いた話では税務署員といえども、飲食代の経費請求は認められず、自腹を切っているようですので、調査官もたいへんだとは思います)。

時期的には、決算期から6カ月プラスが基本です。

この基本を知っていれば、税理士でなくても、自分で予想することは可能です。読者の皆さんの会社が3月決算なら、9月中に来る確率が高いということです。ですから、10月に入れば「今年はもう来ない」と判断してもよいかもしれません。もちろん例外もあります。

✓ 税務調査は事前準備で9割決まる

このような事前調査が終わってはじめて、実地調査となります。

ほとんどの場合、電話で事前連絡があるはずです。

電話連絡があった時点で、調査官が言う日時に従う必要はありません。

「調査官の所属部門」「調査官の氏名」「調査の予定日」を最低限確認して「顧問税理

士に確認し、折り返し連絡します」と答えるのが正しい手順です。

調査の日時を税務署の都合に合わせる必要はありませんが、無理に先延ばしにしたり、拒否することはできません。ちなみに、説明なしに調査を拒んだ場合、1年以下の懲役または罰金を課せられる場合があります。

経験豊富な税理士なら、社長と確認をとって数週間の余裕をもって調査日程を設定してくれるので、その間に安心して事前準備に取り組むことができます。

そもそも税務調査とは、申告された税金が正しいかどうか確認するために、国税局や税務署によって行われる調査のことをいいます。

難癖をつけたり出し抜いたりして、税金を騙し取るつもりでやって来るのではありません。主な目的は、売上の無申告、経費の水増しといった〝不正発見〟です。

実地調査は大きく分けて、納税者の協力のもとで行われる〝任意調査〟と、裁判所の令状に基づいて行われる〝強制調査（マルサ）〟があります。強制調査は、抜き打ちで行われますが、ほとんどの場合は任意調査ですから、いきなり訪問することはできないことになっています。

調査に来る場合は前もって連絡があるのが一般的ですので、それに沿って税理士と日程を調整し、事前対策を行うことができるというわけです。

具体的には、「直近3期分の帳簿類」「銀行の預金通帳」「契約書類の整理」「従業員名簿・タイムカードの確認」など税務署から「見せてください」と頼まれるものはできるかぎり用意しておくようにします。

余談ですが、常日頃からこれらの書類をきっちり〝記録する・書き留める〟癖をつけておくと税務調査時に安心です。たとえば、帳簿を作成するときは、摘要欄に内容を記録したり、飲食店の領収書の裏には誰と会食したのかメモするなど、第三者にも説明できる状態にしておくのが理想でしょう。

「そんなものない、なくしました——などと言ってしまえばいいじゃないですか」と思われる方もいらっしゃいますが、これはあまり得策とは言えません。「では一緒に探しましょう。そこの金庫を開けてください」「ないなら調査日を延ばさないといけませんね」などと返答されるだけです。

もし、多額の取引に関する契約書をなくしてしまっていたら、もう一度作成しておくことをお勧めします。

なぜなら、実地調査の際の原則は「すべてその場で終わらせる」ことだからです。

「○○社との契約書を見せてください」「はい。どうぞ」

「○月○日の棚卸し表をみせてください」「はい。どうぞ」

求められたものをどんどん提出していけば、調査官は「あれ？　この企業はもしかしてシロなのかな」と思い始め、細かいところを突っ込んでこなくなります。

そして、もう1点、事前対策で重要なことは〝顧問税理士に包み隠さず話しておくこと〟です。

「実は、この交通費は、私用のものなんです」というようなことは、あらかじめ税理士に話をしておきましょう。当日にそれが調査官にばれるといくら優秀な税理士でも、もうどうしようもありません。逆に顧問先に「どうして言ってくれなかったんだ」と裏切られた気分になってしまうでしょう。

大きな声では言えませんが、優秀な税理士なら「わかりました。仕方ないですね」と答え、その領収書に話がおよばないように気をつかってくれるかもしれません。

このくらいは言わなくても大丈夫だろう——という、少しの油断が命取りです。心配だなと思うことは、事前にすべてカミングアウトしておきましょう。

税務調査の各種事情に詳しい税理士によると「税理士と一緒に事前対策を万全に行えば、この時点で90％の勝負はつく」のだそうです。備えあれば憂いなしです。

✓ 調査当日は余計なことは言わない

事前対策で勝負の90％は決まると申し上げましたが、残り5％が当日の午前中となります。

調査官は10時頃やってくるのが普通ですから、税理士は1時間以上前に、顧問先に入り最終打ち合わせをします。まれに、大物税理士が午後2時ぐらいになって〝重役出勤〟してくる場合がありますが、こんな人は、調査のプロセスがわかっていないので的確な対応はできません。調査が終わったあと、後任の税理士を探すことをおすすめします。

調査官が中小零細企業に訪問する場合、最近ではほとんどが1人だと思いますが、まれに2～3人で来るときがあります。

2～3人で来た場合の注意点は、リーダーを見分けることです。20～30分間、観察していればわかりますが、念のため口頭で確認しておくとよいでしょう。

リーダーが席を外しているときに、他の調査官にこちらの論を力説しても、意味がないからです。

いい税理士は、まず調査官の身分証明書を確認したあと、最初に訪問の目的をリーダーの調査官に質問します。

その質問には、ウソはつけないことになっているため、「○○と××を調べるためにやってきました」と調査官は答えてくれるはずです。

相手の訪問目的が明確になれば、よほどのことがない限り、調査官は訪問目的以外の調査ができませんので、それだけ税理士が有利になります。

目的がわかった時点で、税理士と社長は、それに関する書類をすべて集める努力をします。そして、この時点までが午前中になると思いますが、ここで勝敗の95％は決します。

また、調査当日チェックされるのは書類ばかりではありません。午前中は、たわいもない世間話から始まったりします。できる調査官は、社長の趣味や家族、休日の過ごし方などの話をしながら、お金の使い道を推測し、調査に重点を置くポイントを絞ってきます。

たとえば、調査官から「社長はゴルフがお好きなんですよね」と尋ねられたとします。そのときは、「はい」とだけ返答すれば問題ありません。

それを、「そうなんです。最近は遊び仲間と週4回も行ってまして……」など、一言付け加えると、仮に仕事にも多大なメリットを与えているはずの接待ゴルフ代が、交際費として否認されることさえありますので、無駄な発言は慎みましょう。

やましいことが何もなくても〝見解の相違〟となり、面倒なことにもなりかねません。「言葉足らずで疑われるんじゃないか……」と不安になる気持ちはわかりますが、必要なことだけ簡潔に返答するよう心がけましょう。

〝優れた税務調査員は、帳簿ではなく人間をみる〟と言われるように、ベテラン調査官は鋭い眼をもっています。

✓ わからないことは「わからない」でOK

細かいことですが、調査の途中で調査官にコピーを頼まれたときは、2部コピーしておきましょう。

1部は調査官に渡すもの、もう1部は手元に残して、何が調査されているのか把握しておくためのものです。

調査官からの質問には即答できなくても構いません。

何年も前の伝票を出され「これは何の取り引きですか？」と質問されて、即答できるほうがかえって不自然です。また、「確か……だったと思います」と、曖昧に答えてしまうと、後々その誤りを訂正したとき、何らかの都合の悪い事実をごまかそうとしているのではないかと疑われかねません。わからないものはわからない、「いまは思い出せません」と答えましょう。推測や意見だけで発言するのは控えてください。

残り5％は、午後からの調査となりますが、相手の質問に対して、社長は不用意に発言をせず、的確に税理士が答えてくれるのを期待しましょう。

優秀な税理士なら、午後5時頃になって、

「もうそろそろお帰りの時間だと思いますが、ほとんどこの会社の経理状況も把握できてきたころだと思います。お互い手間ですから、明日来られる必要もないのではないでしょうか。もしよければ、あと2時間ぐらいあれば、ご希望のすべての書類には目を通すことが可能だと思います。私もお付き合いしますので、よければ今日中に終わらせませんか？」

というような提案をしてくれるはずです。

通常、調査結果は、1～2週間程度で、顧問税理士経由で連絡があり、無事終了となります。

✓ これが業種別税務調査のポイント

税務署は、特定の会社や個人をターゲットとして、徹底的に税務調査を展開していきます。

個人は、〝ネットなどの副業で儲けても確定申告をしていない人〟が代表格です。〝相続税を申告した人〟なら、その年か翌年の秋に、高い確率で税務調査が入るでしょう。ネット上で姿が見えない分、脱税していても気づかれないと油断する経営者も多いですが、調査官は、実際にそのホームページで商品を購入して様子を見るなど、〝証拠を形でとる〟方法をとり確実に調査を行っています。

狙われやすい企業としては、「赤字続きから黒字に転換した会社」「同族オーナーの不動産管理会社」「前回の調査で否認された費用が多かった会社」「無申告の会社」などが挙げられます。

最近では、国際化の流れに目をつけて〝海外取引を行っている企業〟に狙いを定めているようです。これは申告漏れ所得金額の半分近くが、海外取引に関するものであることからもわかります。

また、建設業、製造業、飲食業、サービス業、医業など業種によっても調査をかけてくるポイントは異なります。次の項目を参考に、〝いつ来ても大丈夫！〟という状態になるまで、常日頃から準備をしておきましょう。

建設業

- 完成工事と未完成工事が適切に区分されているか
- 棚卸資産に計上されている金額が妥当か

製造業

- 仕掛品や製品などの棚卸資産、特に期末在庫が正確に計上されているか

飲食業

●現預金の管理は適切になされているか
●アルバイトを含む従業員が実在するか（従業員名簿・タイムレコーダー・賃金台帳もチェックされる）
●従業員の食事など自家消費の処理が適切か
●調査官が事前に客として店舗に入る「内観調査」も実施

サービス業

●売上金額が適正に計上されているか
●人件費、インセンティブの支給額が適正か
●売上割合が大きい得意先に対する「反面調査」も実施

医業

●自由診療の収入脱漏がないか

海外取引を行っている企業が狙われている？

国際課税に関する調査事績

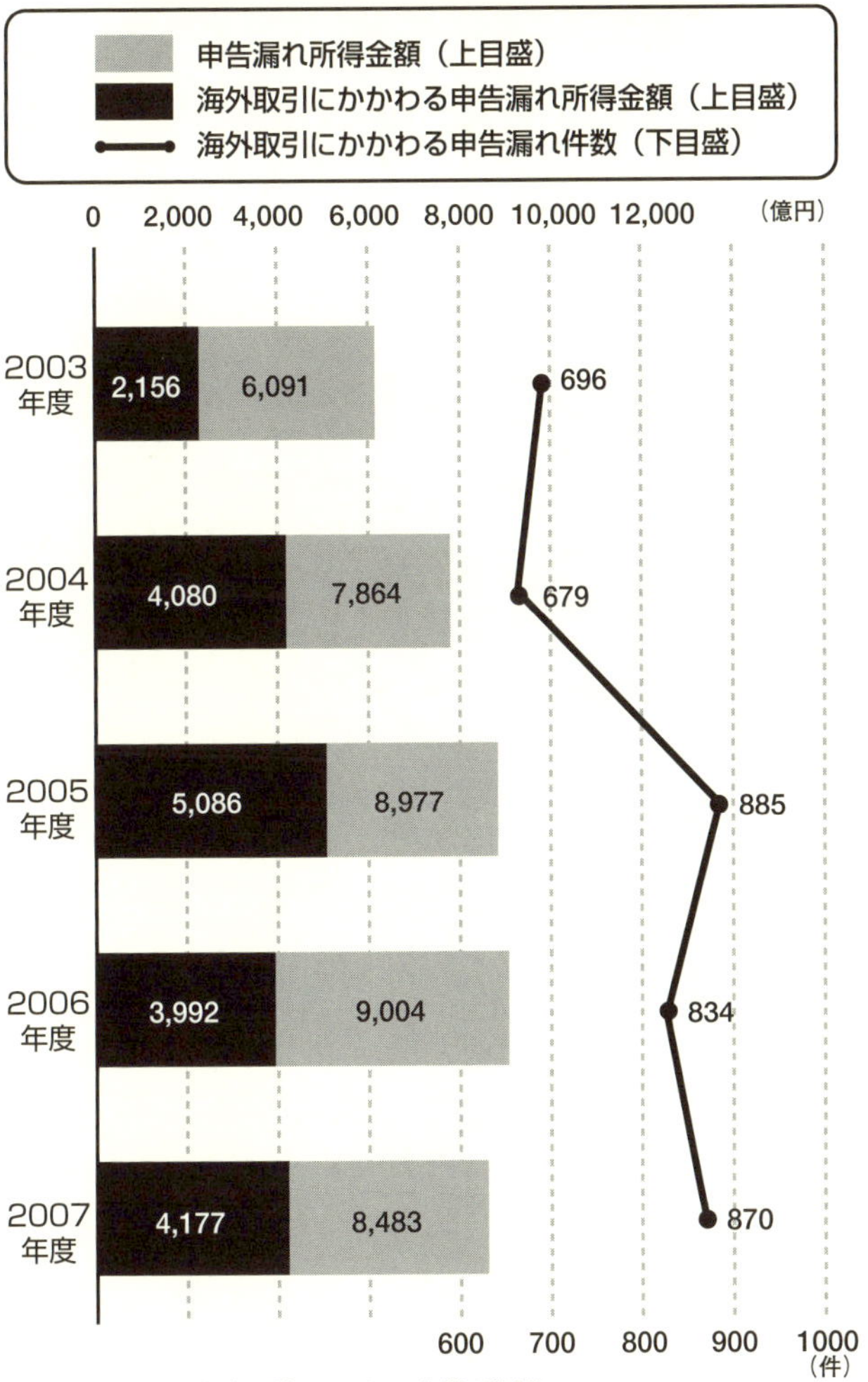

＊原則として資本金1億円以上の企業が対象

出所：国税庁レポート2009

●患者の窓口負担金が社会保険支払基金通知書と一致しているか
●院長の交際費は適切か
●院長の個人的支出が経費の中にまぎれこんでいないか

一般企業に共通する注意点も挙げておきます。

それはさまざまな〝架空〟計上です。

具体的には架空人件費計上、架空売上計上、架空仕入れ計上、などです。

たとえ隠したつもりでも、税務調査での不正行為は必ずといっていいほどばれてしまいます。

架空人件費の調査の手順としては、給与台帳をみながら各人の口座への振込状況をチェックしたり、総勘定元帳の給与総額と給与台帳の総額・振込金額の適合性をみます。また、会社がその人名義の通帳を作成することも考えられるため、実在性の確認も行います。

次のような点をチェックします。

●給与支給人員と実際に在籍している人数が一致するか
●タイムカードの出退勤時刻が、毎回同じ人がいるか
●事業に関係しない人物に給与を支払っていないか

場合によっては、外注先の人から聞き取り調査を行います。もちろん「あなたは○○会社の仕事をしていますか？」と、率直に聞くわけではありません。税務調査の順序と同じように、「最近、お仕事はお忙しいのですか？」などと適当な世間話から入り、だんだんと会社全体の細かい情報を収集していきます。そして、その人物に外注社員としての活動がないとみなされた時点で、「架空人件費を計上してますよね？」と、社長に問い詰めるのです。

✓社長さん「ウソ」は論外です

もう一例挙げましょう。

飲食業や製造業でよくみられる、架空仕入れ計上です。

架空仕入れとは、実際にその品物を仕入れていないにもかかわらず、仕入先に架空分を上乗せした請求書を送ってもらい、その金額で支払います。そして、あとで裏金としてバックしてもらうことです（経営者は知らなくても、現場の仕入担当者が手を染めている場合もあります）。

うどん屋さんを例に考えてみましょう。調査の際、帳簿上では麺を１００玉仕入れて売上は80玉でした。調査官が残りの20玉の行方を尋ねたところ、社長は「売れ残ったのでパートがまかないとして食べた」「失敗したので廃棄した」と主張したとします。「帳簿だけ見たら、架空計上してることなんてバレないのでは？」と思われるかもしれませんが、他社と単価の同じ商品については、他の仕入業者からの通常仕入れ値段を比較して、異常に高ければ疑うポイントとなります。「商品の流れからみて仕入れの計上時期が妥当か？」「仕入れの納品書を調査し、その中に翌期のものが含まれていないか」といったことを中心に調査を進めていけば、多くは不正が明らかになります。

周囲の従業員への調査も行われます。「知りません」と社長が徹底させたつもりでも、相手はプロ。表情ひとつで嘘を見破る鋭い洞察力をもっていますので、確実にバレます。

なお、リストラされた社員からの密告もよくあると聞きます。

＊

ここまで、いい税理士の探し方、活用方法をご紹介してきました。

読者の皆様が、本書を活用して、自社にベストマッチな税理士を見つけ、経営をよりよくしてくだされば幸いです。

中小企業を応援する会計事務所の会

　中小企業の成功と発展を全力でサポートする会計事務所です。

　継続的な黒字発展のための税務・会計の仕組みづくりはもちろんのこと、会社経営の問題解決にも積極的に取り組んでいます。

　会社経営に関するご質問、ご相談があればお気軽にお問い合わせください。

石原　正人

◆税理士

「創業支援」から「事業承継」まで一貫して企業をサポートします。「資金繰り重視の経営計画」策定には多くの実績があり、経営理念は「企業の健全成長を支える最良のサポーターになる」です。中小企業基盤整備機構中小企業ベンチャー総合支援センター中国専門相談員、広島県中小企業再生支援協議会サブマネージャーも務めています。

【石原正人税理士事務所】

〒732-0817　広島県広島市比治山町2-5　住宅生協ビル4F
TEL　082-263-0916　FAX　082-263-4013
E-mail　ishihara-m@mx32.tiki.ne.jp　URL　http://www.isihara-office.com/

中島　祥貴

◆税理士・行政書士

東京都港区六本木にて、日本の経営者・起業家が成功して幸せになるために、全力で支援している事務所です。お客様の会社の売上拡大・黒字化・節税を課題に、お客様の目線に立ったサービスと提案を行っています。事務所の理念は、「日本を成長させる！　日本を成長させるために、日本の経営者・起業家を支援し続ける」です。

【中島税理士・行政書士事務所】

〒106-0032　東京都港区六本木3-1-24　ロイクラトン六本木9F
TEL　03-3586-1701　FAX　03-3586-1702
E-mail　info@zeirisi.info　URL　http://www.zeirisi.info/

富田　秀昭

◆税理士

「節税を図りつつ利益を極大化するにはどうしたらよいか。」これが事務所の行動基準です。事業を拡大するためには、金融機関と税務署との上手な付き合いが必要になります。都市銀行（現メガバンク）出身の富田にはその解があります。様々な専門家ともネットワークを組み、ワンストップサービスでお応えします。

【税理士富田秀昭事務所】

〒360-0856　埼玉県熊谷市別府3-8
TEL　048-532-5174　FAX　048-533-0153
E-mail　tomytax@indigo.plala.or.jp　URL　http://www.tomytax.com/

草深　英夫

◆税理士

税務を通じてお客様に安心と信頼を提供していきたいと思っております。また税務だけではなく、財務コンサルティングに力を入れています。会社がよくなるための「提案」と「アドバイス」を行います。単なる「事務屋」ではなく、「経営参謀」としてお客様にとってなくてはならない存在でありたいと願っています。

【センチュリー税理士法人】

〒515-0072　三重県松阪市内五曲町87-1
TEL　0598-25-3311　FAX　0598-25-3309
E-mail　h-kusafuka@nifty.com　URL　http://kusafuka.main.jp/

鈴木 忠伍

◆税理士

「道徳と経営の合一性」品質高く、アクティブな体質でお客様と従業員の幸を願う経営者の方の事業展開に活力を増すお手伝いをさせていただきたいと考えています。税理士とは、人様に役立つことに感謝できる大変有り難い仕事です。提案力や直感力を活かして「道徳と経営の合一性」を計ります。

【税理士法人鈴木会計事務所】
〒233-0002　神奈川県横浜市港南区上大岡西2-9-20
シャンローゼ上大岡402
TEL　045-844-2371　FAX　045-844-2373
E-mail　info@s-chugo.com　URL　http://www.s-chugo.com/

田代　浩

◆税理士・行政書士・ファイナンシャルプランナー

決算書の作成や税務申告に止まらず、経営計画の作成支援、資金運用表、キャッシュフロー計算書による資金分析、事業承継計画書の作成支援や経営セミナー講師としても、中小企業の経営者を応援しています。中小企業の良き社外パートナーとして、活躍中です。　詳細はネットで検索**「田代会計　千葉」**

【田代会計事務所】
〒206-0004　千葉県千葉市中央区東本町7-2
TEL　043-224-3618　FAX　043-225-5176
E-mail　fpt@poppy.ocn.ne.jp　URL　http://www14.ocn.ne.jp/˜tashiro/

青山　淳

◆税理士

青山会計事務所は法人・個人の決算と申告業務だけでなく、個人事業や会社経営に生じるあらゆる問題に対する解決策と、その実行支援サービスに重点を置いております。青山会計事務所は、皆様の経営に役立つ経営情報発信オフィスとしてより一層熱のこもったサービスを提供してまいります。

【青山会計事務所】
〒447-0878　愛知県碧南市松本町137番地
TEL　0566-48-3515　FAX　0566-42-8127
E-mail　info@aoyama-kaikei.com　URL　http://www.aoyamakaikei.com/

浦田　泉

◆税理士

お客様のニーズに対し、それを解決することに向けて最大限の努力をすること。それが当事務所の得意分野です。具体的には、創業起業の一番最初時期からのお手伝い、ＮＰＯ法人、公益法人まで業種を問わず、幅広く対応させていただきます。

【いずみ会計事務所（浦田泉税理士事務所）】
〒102-0084　東京都千代田区二番町1-2　番町ハイム218
TEL　03-5210-2511　FAX　03-5210-2513
E-mail　info@izumi-kaikei.com　URL　http://izumi-kaikei.com/

長谷川　裕昭

◆公認会計士・税理士

決算書・申告書の作成、税務相談というような従来型の税務業務のみならず、近年、複雑かつ多様化しつつあるお客様のニーズをいち早く捉え、お客様が真に望まれる質の高いサービスを常に提供し続けます。またお客様と共に常に成長・発展し続けることができる事務所であり続けたいと思っております。

【税理士法人長谷川共同会計事務所】

〒166-0002　東京都杉並区高円寺北3-37-12
TEL　03-3330-9410　FAX　03-3330-9489
E-mail　afhsgw@blue.ocn.ne.jp
URL　http://www.komonzeirishi.com/hasegawa-tax/

孫﨑　健次

◆税理士

「あなたのための税理士事務所」をモットーに、お客様との信頼関係を築き、お客様のパートナーとして諸問題に対応すべく日々研鑽を積んでまいります。私たちは「真のサービス」とは何かを常に考え続ける、チームワークを基本とした挑戦者でありたいと思っております。

【孫﨑健次税理士事務所】

〒910-0851　福井県福井市米松2-13-1　小町ビル1Ｆ
TEL　0776-53-6540　FAX　0776-53-7856
E-mail　info@magosaki.jp　URL　http://www.magosaki.jp/

松本　明久

◆税理士

税務調査とは個々の取引事実の捕捉とその税法適用の正否を判断することです。突然の調査に慌てないため、法人・消費・所得・相続贈与全ての税務調査を豊富に担当した私の元国税調査官経験を生かし、経営者の方が取引の意思決定に活用できるタイミングで税務判断情報を提供することが重要と考えています。

【みやび税理士法人】

〒615-0854　京都府京都市右京区西京極堤外町1-11　松本ビル
TEL　075-322-1200　FAX　075-322-1212
E-mail　partner@miyabi-tax.com　URL　http://www.miyabi-tax.com/

中村　健一郎

◆公認会計士・税理士

独立・起業のご相談、お任せください！　累計500件以上のご相談に応じた成果で、設立からその後の会計・給与・税務はもちろん、他との連携により社会保険や助成金・登記までもご支援します。良心的な価格で、相談のしかた自体から相談できるパートナーとしてお選びいただけます。

【株式会社エーエスシー／中村会計事務所】

〒108-0023　東京都港区芝浦3-15-2　山本ビル5階
TEL　03-5419-7350　FAX　03-5419-0537
E-mail　info@ascinc.co.jp　URL　http://www.ascinc.co.jp/

井熊　三郎

◆税理士・ＩＴコーディネーター・ＡＦＰ

税理士は「サービス業」であることを念頭に置き、クライアントの目線を理解して業務を遂行しています。経営コンサル業務については、目標利益、目標売上を如何にして確保するのか、社長の良き協力者としてサポートしています。節税はもちろん、正しい税計算に時間をかけ、納得した納税額を決定することが責務であります。建設業経審アップアドバイス。

【井熊会計事務所】
〒371-0014　群馬県前橋市朝日町4- 10-2
TEL　027-243-5301　FAX　027-243-5374
E-mail　sab@i-soken.com　URL　http//www.i-soken.com/

嶋　敬介

◆税理士・CFP®

人と企業をトータルにサポートする総合コンサルタント集団として、先生ではなく「社外重役」の立場で多くの企業と関わっている。特に相続税や贈与税では、個人及び企業の財産、事業の承継を考えた上で、短期的な目先の対策に終始することなく、本人や周りの人達のライフプランに基づいた財産の移転、事業承継の姿を徹底的に追求し続けている。人との対話に重点を置いた提案で多くの顧客を魅了し続けている。

【嶋会計事務所（大阪）／株式会社ノースアイランド（東京・大阪）】
〒233-0002　大阪府大阪市中央区北浜4-1-21　住友生命淀屋橋ビル2階
（大阪）TEL　06-6229-1817　FAX　06-6229-1475
（東京）TEL　03-3261-2004
E-mail　info@musbi.com　URL　http://shimakaikei.tkcnf.com/

椎木　秀行

◆公認会計士・税理士・NLPビジネスプラクティショナー

当社は、お客様とのコミュニケーションを第一に考え、お客様のニーズを引き出し、会計税務を超えた経営課題を解決するお手伝いを得意としております。全国の専門家ネットワークで学ぶとともに、地元の各種専門家との連携によるワンストップサービスが、お客様から高い評価を頂いています。

【椎木会計事務所／株式会社いきちか】
〒980-0014　宮城県仙台市青葉区本町1-5-31　シエロ仙台ビル7階
TEL　022-397-7396　FAX　022-397-7398
相談フリーダイヤル　0120-987-182
E-mail　happy@ikichika.com　URL　http://www.sendai-cpa.biz/

寺島　義雄

◆税理士・行政書士・決算コンサルタント

○「決算診断」による問題点の徹底あぶり出し

○「経営計画」による問題解決、黒字化をフルサポート

○「会社設立」「会計税務」「許認可申請」等でベンチャー起業家をとことんサポート

○「融資対策」「節税対策」「事業承継対策」も得意です。

【寺島義雄税理士事務所／株式会社スタートライン】
〒530-0001　大阪府大阪市北区梅田1-1-3　大阪駅前第3ビル15階11号
TEL　06-6345-0022　FAX　06-6345-6603
E-mail　info@kessan-consulting.com
URL　http://www.決算コンサルティング.com/

田中　徳治
◆税理士・社会保険労務士・行政書士
税理士らしからぬ税理士。自ら飲食・小売・製造業の経営者として経営を実践し、税務をベースに社会保険・年金の手続きアドバイス、建設業評点アップのお手伝い、経営計画書作成の推進等々、会社の経営の健全化を図る為に全力を注いでいます。税理士業界で唯一、社長学を実践する税理士です。
【田中徳治税理士事務所／株式会社タック】
〒421-0206　静岡県焼津市上新田27-3
TEL　054-622-6836　FAX　054-622-5807
E-mail　kabu-tac@yr.tnc.ne.jp　URL　http://tac-kaikei.heteml.jp/

高橋　浩之
◆税理士
◎高橋会計事務所にお願いするようになってから素人の私達にも大変分かりやすくアドバイスいただけるので、感謝しています◎毎月の月次決算による業績の報告や決算の事前検討に満足しております◎毎月のニュースレターを楽しみにしています
（当事務所の実施したお客様アンケートより）
【高橋会計事務所】
〒194-0022　東京都町田市森野2-27-12　ローゼンビルE号室
TEL　042-721-2637　FAX　042-721-6648
E-mall　yappari_takahashi@tkcnf.or.jp　URL　http://takahasikaikei.com/

田中　順子
◆税理士
創業50年の老舗会計事務所の2代目。「会計で会社を強くする」をモットーに元気な会社作りを応援しています。税務はもちろんのこと、今この変革の時代にマッチした利益計画・経営改善計画など多様化するニーズに対応し、女性ならではのきめ細かいサービスを提供させて頂き黒字化の支援をしてまいります。
【たなか会計事務所】
〒157-0073　東京都世田谷区砧8-7-16　コスモレジア世田谷砧603
TEL　03-3417-2212　FAX　03-3417-2213
E-mall　junko-tanaka@tkcnf.or.jp
URL　http://www.tkcnf.com/tanakajunkokaikei/

津田　明人・津田　加代子
◆税理士・ＦＰ・行政書士（2人とも）
法人・個人問わず、お困り事・悩み事は、まず私どもへご相談ください。それが、煩わしい悩みを一手に解決するワンストップサービスです。信頼できるプロサポーター集団があなたの成功を導きます。
【税理士法人津田明人税理士事務所】
〒466-0011　愛知県名古屋市昭和区鶴羽町2-20-3　ツルハビル
TEL　052-745-5611　FAX　052-745-5616
E-mall　tsuda30@triton.ocn.ne.jp　URL　http://www.tsuda30.com/

徐　瑛義

◆税理士・行政書士

「迅速で正確なサービス」を第一のモットーに、メール等には原則24時間以内の対応など、レスポンスの早さに定評があります。税理士、行政書士、社労士、FPなどの専門家が多数在籍しており、また、弁護士、司法書士等との厚いネットワークにより、お客様の抱える様々な案件にスピーディに対応可能です。

【税理士法人東京税経センター（東京税経グループ）】
〒110-0005　東京都台東区上野3-14-1　UENO CUBE EXECUTIVE 5階
TEL　03-6803-2905　FAX　03-6803-2906
E-mail　info@tokyozeikei.jp　URL　http://www.tokyozeikei.jp/

尾崎　覚

◆税理士・ファイナンシャルプランナー（CFP®）

中小企業、医院・クリニックの対応に特化し、多くの信頼を頂いている総合事務所です。「お客様の未来に向けて、今を共に歩むこと」を大切にしています。「とにかく何でも相談してみよう」と思って頂ける、「丁寧で暖かみがあり、そして頼りにできる問題解決型の税理士事務所」を常に目指しています。

【尾崎税理士事務所】
〒103-0026　東京都中央区日本橋兜町12-1　太洋ビル７階
TEL　03-5643-7760　FAX　03-5643-7761
E-mail　ozaki-office@mocha.ocn.ne.jp　URL　http://ozaki-zeimu.com/

小形　聰

◆税理士・登録政治資金監査人

私たちのサービスの本質は『お節介』なんだと考えています。それくらいコミュニケーションを大事にし、お客様の事を考え、お話をさせてもらっています。また、税金の事だけではなく、様々なご相談をお受けしています。必ずお役に立てる知識・経験・素晴らしい仲間に恵まれている点が私たちの強みです。

【GALAP税理士法人／株式会社東京会計社】
〒101-0047　東京都千代田区内神田1-10-9　MⅡビル4F
TEL　0120-936-016　FAX　03-5283-0701
E-mail　info@galap.jp　URL　http://www.galap.jp/

河合　利彦

◆税理士・ＩＳＯ品質審査員補

「お客様のニーズにマッチした信頼されるサービスを提供することにより、お客様の健全な発展を通じて、当事務所の永続的な発展と社会への貢献（大同世界の創造）を実現する」を基本方針に「お客様第一主義」は、業務の高品質化であると考え、「経営の本質」をお客様とともに探究し、その結果、「世界平和」と「皆大歓喜」の世界の実現を目指します。

【税理士法人河合事務所】
〒452-0815　愛知県名古屋市西区八筋町59-1　ＦＴＹビル
TEL　052-504-5328　FAX　052-509-1645
E-mail　kawai-jimusho@tkcnf.or.jp　URL　http://www.kawai-jimusho.co.jp/

山口　昇

◆税理士・行政書士

当事務所のバリューは“元氣”です。私たちは、経営者の皆様に元氣を届けます。私たちの考える元氣とは“心の元氣、身体の元氣、経済的元氣”です。スタッフ一丸となって、お客様企業の月次決算の説明と、目標経営（Plan Do See Check）を支援することを通じて永続発展（ゴーイングコンサーン）に貢献することを使命と考え行動しています。

【山口昇税理士事務所】

〒959-1383　新潟県加茂市旭町15-30
TEL　0256-52-6869　FAX　0256-52-1674
E-mall　yn@tkcnf.or.jp　URL　http://www.yamanobo-zeirishi.jp/

伊藤　隆

◆公認会計士・税理士

税務申告は勿論、「お客様は何もしないで下さい」がモットーの『コンビニ会計』という記帳代行サービスを、北は北海道から南は石垣島まで、提供しています。経営・税務相談は電話・FAX・E-MAIL・SKYPEでいつでも対応。「中小・零細企業の存続とその未来のために……」が使命です。

【伊藤会計事務所】

【本部】〒102-0081　東京都千代田区四番町1-8　四番町セントラルシティ602
TEL　03-3556-3317
【会計工場】〒510-0071　三重県四日市市西浦2-4-17　エスタービル3F
TEL　059-352-0855
E-mall　itoh@cpa-itoh.com　URL　http://www.cpa-itoh.com

中辻　豊

◆税理士

東大阪を中心に大阪府下で社長さんの『かかりつけ医』の立場でのお付合いを心がけています。

①経営やお金、納税等の不安を取り除き、②数字が苦手な社長さんを事務所一丸でサポートし、③会社の経営がより良くなるように、ご提案、アドバイスをします。必ずやご満足いただけます。

【中辻会計事務所】

〒577-0045　大阪府東大阪市西堤本通東1-1-1　東大阪大発ビル720号
TEL　0120-505-962　FAX　06-6789-6983
E-mall　nakatsuji@nakatsujiyutaka.com
URL　http://www.nakatsujiyutaka.com/

永井　孝幸

◆税理士・登録政治資金監査人

税理士はサービス業であると常に自覚し、専門用語を使用しないで、誰にでもわかりやすい言葉でのご提案・ご対応・レクチャーを心がけています。顧客満足を一番に考え、困った時にすぐに気軽に相談ができるような関係を築いていきたいと考えています。また、税務署OBとして税務調査の対応にも自信があります。

【永井孝幸税理士事務所】

〒504-0906　岐阜県各務原市那加桐野外二ケ所大字入会地6-4
TEL　0120-016-555　FAX　058-380-6356
E-mall　info@nagai-zeirishi.com　URL　http://www.nagai-zeirishi.com/

米田　典弘

◆税理士

法人の税務相談・申告や、個人の確定申告を主体に業務を行っている。弁護士や司法書士等と提携し、税務以外の相談も受けるなど、多方向からのサービス提供を行っている。

【米田税務会計事務所】
〒190-0011　東京都立川市高松町3-14-14　OTビル3F
TEL　042-526-2639　FAX　042-526-2610
E-mall　95980ihkw@zeirishikai.org
URL　http://www.management-partner.jp/

城所　弘明

◆公認会計士・税理士・行政書士・登録政治資金監査人

ダーウィンの進化論では、生物の生き残りの本質は最も強い者ではなく、「環境の激変に対応して、自分を変えられるもの」といわれています。私が独自開発した「キド診断」を武器に、「お客様が厳しい経営環境の中で勝ち残れる」ように、経営戦略や資金繰り対策など、万全のサポートを行います！

【城所会計事務所】
〒108-0014　東京都港区芝5-1-6
TEL　03-3798-3838　FAX　03-3798-3840
E-mall　kidokoro581@kidokorocpa.com
URL　http://www.kidokorocpa.com/

及川　健太

◆税理士・社会保険労務士・行政書士

モットーは「税務会計のような過去会計にとどまらず、経営計画書の策定支援をはじめとした未来も見据えた企業サポートを行うこと」。平成20年に社会保険労務士事務所、平成21年に行政書士事務所を併設し、労働社会保険や許認可申請関係を含めた“経営のトータルアドバイザー”として顧問先に尽くしている。

【及川総合会計事務所】
〒630-0257　奈良県生駒市元町1-3-20　中和生駒ビル5F
TEL　0743-75-1120　FAX　0743-75-1120
E-mall　info@kentaoikawa-tax.com
URL　http://www.kentaoikawa-tax.com/

佐藤　昇

◆税理士

経営者の仕事は決断をすることです。正しい意思決定をするためには、まずは自社を徹底的に知ることが大切です。我々（株）財務プランニングは適正な税務申告はもちろんのこと経営者の意思決定のための必要な経営指標の作成、分析から相談業務まで総合的に支援し、お客様の利益拡大に貢献します。

【株式会社財務プランニング】
〒980-0012　宮城県仙台市青葉区錦町2-4-13サンライズビル
TEL　022-265-8786　FAX　022-265-8796
E-mall　info@zaimp.com　URL　http://www.zaimp.com/

木村　具成

◆税理士・ファイナンシャルプランナー

1954年生まれ。東京都中野区出身。中央大学商学部会計学科卒業。弁護士・社会保険労務士等、他の士業とのネットワークをくみ、経済のホームドクターとしてトータルコンサルティングを行っている。中堅・中小企業の財務改善を中心に多くの経営指導実績がある。JEIEA（ジェジア）認定貿易アドバイザー・日本香港協会会員。国際企業存続コンサルタントとしても活躍している。

【木村税理士事務所】
〒164-0001　東京都中野区中野4-5-1　ＫＩビル6Ｆ
TEL　03-5380-5365　FAX　03-3387-8004
E-mail　taka.kimura-zeirishi@nifty.com
URL　http://www.komonzeirishi.com/taka49/

中村　泰宏

◆税理士

「即時対応」をモットーに、不況の中、社長及び事業主様が一人で悩むことのない様、昼夜を問わず年中無休で小回りの利いた丁寧な対応を致します。融資相談、事業承継、経営支援、事業再生、新規事業支援、資産税等のたしかなノウハウで、旧来の古い体質の会計事務所に不満のある方にも、ご満足いただけると自負しております。

【中村泰宏税理士事務所】
〒240-0003　神奈川県横浜市保土ヶ谷区天王町1-23-22
TEL　045-332-5917　FAX　045-332-5927
E-mail　info@nakamura-ta.com　URL　http://www.nakamura-ta.com/

北秋　勝己

◆税理士

あなたは帳簿と決算書を作ることが会計事務所の仕事だと思っていませんか？　我々は資金繰り対策・黒字化支援・節税対策・相続対策・経営計画等を通じて、あなたの会社のサポートをすることこそが、本来業務であり、使命であると考えます。我々は、あなたの会社とあなたの生活をトータルサポートいたします。

【税理士法人カインズ】
〒561-0881　大阪府豊中市中桜塚4-9-38　ユタカマンション１Ｆ
TEL　06-6856-0424　FAX　06-6856-2087
E-mail　kitaaki@tkcnf.or.jp　URL　http://www.kinds.or.jp/

箱谷　茂廣

◆税理士

「必ず会社と社長にキャッシュが残ります。」

御社の流動比率はいくらですか？　100%を超えていますか？100%以下の方危険です。ご連絡下さい。一緒に200%を目指します。＊お調べ下さい。御社の貸借対照表〔流動資産÷流動負債〕×100%　昭和36年大阪生まれ。昭和62年税理士開業。

【税理士箱谷茂廣事務所】
〒545-0052　大阪府大阪市阿倍野区阿倍野筋2-1-37　東陽ビル7Ｆ
TEL　06-6627-1036　FAX　06-6627-9371
E-mail　manatee66@spice.ocn.ne.jp　URL　http://www.hakotani.com/

中小企業を応援する会計事務所の会

宮内　勝彦

◆税理士

会計事務所はどこでも同じではありません。会計事務所により会社は変わります。当事務所は「明るく親切、丁寧」をモットーにお客様を満足させるためのサービス提供をしています。また常にお客様とのコミュニケーションを図り、最善の選択をしていただけるような提案をし、その為に専門的能力を向上させ信頼関係を築き共に発展していくことを目指しています。

【宮内会計事務所】

〒180-0002　東京都武蔵野市吉祥寺東町1-2-2　オリエントプラザ丹野402
TEL　0422-22-7721　FAX　0422-22-7757
E-mall　miyauti-katuhiko@tkcnf.or.jp　URL　http://miyauchi.tkcnf.com/pc/

森瀬　博信

◆税理士

“お客様との信頼関係・人間関係を一番に”樋口一葉の町、台東区竜泉にて創業40年。長年培ってきたノウハウを生かし、創業支援から相続・医療・公会計・公益法人などの幅広い分野で企業をサポートしている。お客様と共に成長出来ることを一番の喜びとする、下町ならではの人間味あふれる会計事務所です。

【すばる会計事務所】

〒110-0012　東京都台東区竜泉3-39-5　スバル合同ビル
TEL　03-5603-2457　FAX　03-5603-5874
E-mall　morise-ta@tkcnf.or.jp　URL　http://www.seturitusien.com/

川股　修二

◆税理士・租税訴訟補佐人・登録政治資金監査人・行政書士・FP

あすか税理士法人は、経営計画の作成や金融機関に対する資金調達の交渉、法人の事業承継プランや相続対策を提案、国際税務会計に精通した外国人スタッフによる海外進出のサポート、弁護士と共に税務訴訟や企業再生を支援、税務調査に強い専任担当の税理士の対応など、一歩進んだ支援します。

【あすか税理士法人】

〒004-0031　北海道札幌市厚別区上野幌1条2-4-3
TEL　011-801-7755　FAX　011-801-8866
E-mall　asukatcorp@tkcnf.or.jp　URL　http://kawamata.tkcnf.com/

山内　新人

◆税理士

中規模事業所から上場会社まで顧客企業の規模・業種を問わずに支援している。また、対応分野についても、タックスプランニング・国際税務・開業支援・医業コンサルタント・経営計画書作成サポート・M&Aサポート・ISO取得サポートなど、多くの分野で実績を持っている。心理カウンセラーでもある。

【山内税務会計事務所】

〒460-0014　愛知県名古屋市中区富士見町7-11
TEL　052-331-0629　FAX　052-331-0317
E-mail　info@tax-ay.jp　URL　http://www.tax-ay.jp/

長尾　哲也
◆税理士
税務会計業務にとどまらず、多くの専門家との強固なネットワークで中小企業の問題解決に取り組む。経営計画・事業再生・事業承継のコンサルティング業務の分野で、特に評価が高い。お客様とは、双方向にプラスに作用するインタラクティブな関係を理想と考え、ビジネスにおける『生涯の親友』を目指している。

【長尾会計事務所】
〒491-0881　愛知県一宮市南印田2-2-15
TEL　0586-24-5775　FAX　0586-24-5877
E-mail　info@nagaokaikei.jp　URL　http://www.nagaokaikei.jp/

山本　純
◆税理士
サービス業の絶対条件である「顧客満足度」を追求します。それには、クライアントに対し、難しい専門用語ではなく、平易な言葉で、わかりやすく説明する「説明責任」を全うすることが必要不可欠と考え実践しています。お客様からわからないことを素直に聞いてもらえる「バリアフリー」な事務所を目指しています。

【山本純税理士事務所】
〒761-1703　香川県高松市香川町浅野933-4
TEL　087-879-3518　FAX　087-813-7998
E-mail　yamamotojun1030@yahoo.co.jp
URL　http://www.komonzeirishi.com/yamamotojun/

坂井　孝能
◆税理士・CFP
地域に密着した親しみやすい会計事務所を目指している。企業経営、相続･事業承継、資金調達支援などの問題にトータルサポートしている。

【坂井孝能税理士事務所】
〒485-0044　愛知県小牧市常普請1-250
TEL　0568-41-7348　FAX　0568-41-7358
E-mail　t.m.sakai@nifty.com
URL　http://www.komonzeirishi.com/sakai-account/

楢山　直樹
◆税理士
経営理念「私達は、あなたの会社を元氣にします!」
～私達は、お客様と共に学び・共に成長していきます～
私達は、お客様である中小企業の活性化を通して、日本・岩手県・お客様企業・社員・家庭・個人の幸せの実現のために「租税正義の実現」をすることにより地域社会に貢献していきます。

【税理士楢山直樹事務所】
〒020-0066　岩手県盛岡市上田3-14-11
TEL　019-654-0606　FAX　019-654-0085
E-mail　QWN11073@nifty.ne.jp　URL　http//www.narayama.com/

中小企業を応援する会計事務所の会

君和田　昭一

◆税理士・社労士・ＦＰ

税務会計・人事労務・ＦＰに関する専門サービスを通じて中小企業経営者のお役に立つことをモットーに業務にあたっております。中小企業の皆様と一緒に成長発展していければと思っております。お気軽にお問い合わせ下さい。

【税理士・社労士・ＦＰ君和田昭一事務所】

〒314-0145　茨城県神栖市平泉東1-64-181　大竹ビル2Ｆ
TEL　0299-90-1655　FAX　0299-90-1603
E-mail　kimiwada@beige.ocn.ne.jp　URL　http://www.kimiwada.com/

杉井　克彦

◆税理士・CFP®・社会保険労務士

税金はもちろんのこと人事・労務・金融に至るまであらゆる相談をお受けすることができる便利な会計事務所！そのため、税理士・社会保険労務士・ファイナンシャルプランナーのトリプルの資格を持ち、個人・法人を問わず関与先約300件のコンサルティングを行っている。

【税理士法人杉井総合会計事務所】

〒580-0021　大阪府松原市高見の里4-5-33
TEL　072-335-2090　FAX　072-335-2097
E-mail　info@sugiikaikei.com　URL　http://www.sugiikaikei.com/

安藤　正範

◆税理士

「まずはフレスコに聞こうっと！」そんな顧問先様が集まっています。会計税務は当然のこととして、それ以上に顧問先様の実業把握が大切と考え、コミュニケーションに重点を置いています。「ここまで教えてくれたり、相談に乗ってくれるところはなかった」と言われた時にはフレスコ冥利につきます。

【税理士法人フレスコ綜合会計事務所　名古屋オフィス】

〒451-0031　愛知県名古屋市西区城西4-29-15　城西ビル2F
TEL　052-524-9551　FAX　052-524-9552
E-mail contact@taxco-fresco.com URL http://www.taxco-fresco.com/

伊東　大介

◆税理士・ＦＰ・政治資金監査人・ＮＰＯアカウンタント

「中小企業を元気にしたい!!」その強い思いを胸に、日々業務に取り組んでおります。成長意欲のあるベンチャー企業を中心に、税務コンサルティング、つまりは月次決算・経営計画策定を主たる業務ととらえ、お客様の期待に応えております。ともに成長し、ともに夢をかなえましょう!!

【税理士法人イデアコンサルティング】

〒169-0075　東京都新宿区高田馬場1-33-15　後楽園ビル7階
TEL　03-6382-7420　FAX　03-6382-7421
E-mail　info@ideaconsulting.jp　URL　http://www.ideaconsulting.jp/

山田《やまだ》 晃代《てるよ》

◆税理士・行政書士・ファイナンシャルプランナー

お客様の問題に耳を傾け対応させていただいてます。不況時対応の資金繰り、経営計画、相続支援も多くなっております。銀行に対する融資の交渉もお手伝いいたします。女性中心のきめ細かいサービスで新規開業、法人成りなど会計事務所の敷居が高いと思われていた方、ぜひ一度当事務所にご連絡ください。

【山田晃代税理士事務所】

〒444-0047　愛知県岡崎市八幡町3-58
TEL　0564-23-5131　FAX　0564-22-1969
E-mall　info@ terukai.com　URL　http://terukai.com/

池尾　彰彦

◆税理士・宅地建物取引主任者

「全てはお客様のために」という企業理念のもと「質問には24時間以内に回答する」「お客様の話をとことん聞き、納得頂けるまでていねいに説明する」「調査の際、安易な妥協はしない」「申告はどんなに遅くても決算後45日以内に完成する」などの姿勢が大変好評です。また資金調達やセカンドオピニオンサービスなどについても定評があります。

【新日本税理士法人】
〒279-0004　千葉県浦安市猫実4-6-26　ミナモトビル2階
TEL　047-382-3553　FAX　047-382-3555
E-mail　ikeoakihiko@tkcnf.or.jp　URL　http://shinnihon.tkcnf.com/

岩浅《いわさ》　公三

◆税理士・ＣＦＰ・1級ＦＰ技能士・ＣＲＭ他

「お客様の経営・財務のかかりつけ医」をモットーに通常の税務・会計はもとより、私的再生計画策定業務、補佐人として税務訴訟の法廷にたつなど、常に顧客側の立場に立ち、幅広い分野で活躍しております。社労士事務所も併設するなど、他士業とも連携し顧客側の立場に立った幅広い相談が可能です。

【岩浅《いわさ》税理士事務所／株式会社ＦＰテラス】
〒604-8223　京都府京都市中京区新町通四条上ル小結棚町426
新町錦ビル302号
TEL　075-221-0183　FAX　075-221-0283
E-mail　kozo@iwasa.info　URL　http://www.iwasa.info/

村木　良造

◆税理士

今、社会の変化の中で新しい税理士事務所の方向を目指してお客様の真のパートナーとして税務の専門家としてはもちろん、さまざまな経営者の悩みに応えられる事務所としてお役に立ちたいと考えています。

【村木経理事務所】
〒190-0011　東京都立川市高松町2-25-28
TEL　042-527-5252　FAX　042-525-7516
E-mail　info@office-muraki.com　URL　http://www.office-muraki.com/

可児　征子

◆税理士

税務、財務、相続を中心によろず相談的事務所として専門サービスを提供。弁護士、司法書士、測量士、社会保険労務士、行政書士とのネットワークも万全。地域密着を重視し「黒字経営支援」とそれに続く「企業の永続的な繁栄」に心砕いています。セカンドオピニオンとして利用していただくことが増えてきています。

【可児征子税理士事務所】
〒509-0246　岐阜県可児市今2299-1
TEL　0574-65-1851　FAX　0574-65-9151
E-mall　kani-masako@tkcnf.or.jp
URL　http://www.tkcnf.com/kanikaikei/pc/

甲信越

北陸

中部・東海

関西

中国

四国

北海道

東北

関東・東京

著者

中小企業を応援する会計事務所の会

中小企業の成功と発展を全力でサポートする会計事務所です。
継続的な黒字発展のための税務・会計の仕組みづくりはもちろんのこと、会社経営の問題解決にも積極的に取り組んでいます。

著者・監修者

広瀬 元義（ひろせ・もとよし）

株式会社アックスコンサルティング 代表取締役
東京・恵比寿に本拠を置く同社で、中小企業の経営コンサルティング、Webコンサルティング、出版事業を手がけている。
また中小企業の成功をサポートする会計事務所のネットワーク「FANアライアンス」を主宰。「FANアライアンス」に参加する会計事務所は約1,000件に上る。
主な著書に『イン・ザ・ブラック』『経営計画』『ザ・メソッド』（あさ出版）、『延納・物納と納税猶予の手引』（共著、新日本法規出版）、『強い会計事務所の5つの決断』（アックスコンサルティング）など。

顧問税理士ドットコム　http://www.komonzeirishi.com/
経営計画.com　http://www.keieikeikaku.com/

社長《しゃちょう》のための“いい税理士《ぜいりし》”の探《さが》し方《かた》
年間《ねんかん》1164社《しゃ》の紹介《しょうかい》でわかった

〈検印省略〉

2010年 6 月 12日　第 1 刷発行
2010年 6 月 18日　第 2 刷発行

著者・監修者——広瀬　元義（ひろせ・もとよし）
著　者——中小企業を応援する会計事務所の会
発行者——佐藤　和夫

発行所—— 株式会社あさ出版
〒171-0022 東京都豊島区南池袋2-47-2 ワイズビル6F
電　話 03 (3983) 3225 (代表)
F A X 03 (3983) 3226
U R L http://www.asa21.com/
E-mail info@asa21.com
振　替 00160-1-720619

印刷・製本　壮光舎印刷 (株)

ISBN978-4-86063-397-4 C2034